Inhaltsverzeichnis

Einleitung

„Wenn man sich aber schlüssig machen will über Mittel und Wege, die zu einem Ziel führen können und sollen, so ist doch wohl vor allem notwendig, sich über das Ziel selbst eine möglichst klare Vorstellung zu machen."

(Hanselmann 1997, S. 7)

Mit diesen Worten beginnt Heinrich Hanselmann, einer der „Väter" der Heilpädagogik, die Einleitung seiner Habilitationsschrift zu den psychologischen Grundlagen der Heilpädagogik aus dem Jahre 1923. Auch die Diagnostik in der Heilpädagogik und Heilerziehungspflege ist ein „Mittel" und beschreibt einen „Weg", der zu einem Ziel führen kann und sollte. Auch über das Ziel der Diagnostik sollte Klarheit bestehen.

Stellen Sie sich vor, Sie begegnen einem Menschen, der als behindert bezeichnet wird. Er schlägt mit seinem Kopf gegen harte Gegenstände, so dass die Kopfhaut bedrohlich aufreißt und stark blutet. Um diesen Menschen vor sich selbst zu schützen, kann ihm in dieser gefährlichen Situation nicht anders geholfen werden, als dass er in seinem Bett fixiert wird. Unmittelbar nachdem die Fixierung gelöst wird, beginnt er wieder seinen Kopf an den nächstgelegenen Gegenstand zu rammen, ihn mit der Faust bzw. gegen seine Knie zu schlagen. Die Begegnung löst bei Ihnen möglicherweise Angst, Ratlosigkeit, Hilflosigkeit und Ohnmacht aus, sie zeigt Ihnen Ihre Grenzen auf: Sie können sich nicht erklären, warum diese Person sich so verhält und verfügen damit auch über keine Handlungsmöglichkeiten ihr die Unterstützung zu gewähren, derer sie bedarf.

Solch eine Grenzerfahrung ist der Ausgangspunkt der Diagnostik in der Heilpädagogik und der Heilerziehungspflege. Diagnostik in der Heilpädagogik beginnt mit dem Erkennen des „Wissens vom Nichtwissen". Die Bearbeitung dieser Erkenntnis braucht Mittel und Wege. In der Diagnostik sind diese Mittel Erklärungen, die erarbeitet werden, um auf dem Weg zu gehen, der zu einem Verständnis für die behinderte Person führt. Nur auf der Grundlage einer im diagnostischen Prozess zu erarbeitenden Erklärung über die Person kann sich ein Verständnis entwickeln und nur auf der Grundlage des Verständnisses ist das Ziel der pädagogischen Begegnung im Sinne von Martin Buber (1984) möglich und erst in der Begegnung und durch sie der Dialog*.

Die Diagnostik in der Heilpädagogik und Heilerziehungspflege kann also nicht voraussetzungslos erfolgen. Sie braucht theoretische Voraussetzungen, die in der Ausbildung zu vermitteln sind. Erkennen bzw. Denken und Handeln kennzeichnet die Diagnostik, d. h. der Zusammenhang von Theorie und Praxis.

Hinter jedem Prozess der Behinderung eines Menschen, hinter jeder sich nach außen zeigenden psychischen Auffälligkeit verbirgt sich eine individuellen Lebensgeschichte eines Menschen, die es diagnostisch zu erkennen und zu erklären gilt, so dass verstehende Zugänge zu diesem Menschen geschaffen werden, um ihm pädagogisch in seiner Lebensbegleitung begegnen zu können. Um dies leisten zu können, braucht es Werkzeuge, d. h. Denkwerkzeuge der Diagnostik, die vor einen fachwissenschaftlichen Hintergrund angeeignet werden und damit Kompetenzen darstellen, die nicht nur Fähigkeiten zum Ausdruck bringen, sondern auch die Zuständigkeit für diagnostische Problem- und Fragestellungen.

Neben dem fachwissenschaftlichen Bezugsrahmen ist für die Diagnostik entscheidend, welches Bild vom Menschen im Allgemeinen und vom Menschen, der als behindert bezeichnet wird, im Besonderem ihrem Handeln zugrunde liegt. Die in dem vorliegenden

Buch vorgestellte Diagnostik basiert auf einem Menschenbild, das sich an das „dialogische Prinzip“ vom Martin Buber anlehnt. Der Mensch ist demnach nur existent im Verhältnis zu anderen Menschen. Die Frage was der Mensch ist, kann nur *„durch Betrachtung des Wesenzusammenhangs der menschlichen Person mit allem Sein und ihrer Beziehung zu allem Sein“* (Buber 1982, S. 124) beantwortet werden. Das heißt: *„Nur wenn wir die menschliche Person in ihrer ganzen Situation, in ihren Beziehungsmöglichkeiten auch zu allem, was nicht sie ist, zu fassen vermögen, fassen wir den Menschen“* (S. 125). Dabei geht es um den ganzen Menschen, *„und zwar um den ganzen Menschen sowohl seiner gegenwärtigen Tatsächlichkeit nach, in der er vor dir lebt, als auch seiner Möglichkeit nach, als was aus ihm werden kann“* (Buber 1986, S. 65).

Die Diagnostik in der Heilpädagogik und Heilerziehungspflege begegnet Menschen, die anders sind, weil sie beeinträchtigt sind und in ihrer Entwicklung behindert werden, z. B. weil ihnen mit Unverständnis begegnet wird und sie als nicht „normal“ bezeichnet und sozial ausgegrenzt werden. Es ist aber normal verschieden zu sein, d. h. es ist ebenso normal beeinträchtigt wie nicht beeinträchtigt zu sein.

„Wir werden in besonderen theoretischen Darlegungen Gelegenheit bekommen zur begründeten Ablehnung des Wortpaares normal-anormal, weil es sich dabei nicht um wissenschaftliche Begriffe, sondern um Wertungen handelt.“
(Hanselmann 1958, S. 11)

Hanselmann beschreibt damit bereits einen wesentlichen Aspekt der heilpädagogischen Diagnostik, der insbesondere darin besteht, dass nicht die Beeinträchtigung eines Menschen seine Behinderung beschreibt, sondern die Art und Weise, wie mit diesem Menschen im sozialen Verkehr umgegangen wird. Von diesem Verständnis ausgehend besteht das Ziel darin, die konkrete pädagogische Lebensbegleitung dieses Menschen so zu gestalten, dass für ihn eine uneingeschränkte, gleichwertige und gleichberechtigte Teilhabe am Leben in der Gemeinschaft möglich wird.

Dies erfolgt im Wissen darum, dass es sich bei der diagnostisch zu erfassenden spezifischen Lebenssituation eines beeinträchtigten Menschen um einen komplexen Zusammenhang handelt, der nicht einfach zu erkennen, zu erklären und zu verstehen ist und für den es keine einfachen Lösungen, sondern stets nur individuelle gibt.

Dementsprechend ist das Buch so aufgebaut, dass in den ersten Kapiteln auf die grundlegenden Aspekte der heilpädagogischen Diagnostik eingegangen wird. Dem schließen sich die Voraussetzungen diagnostischen Handelns in der Heilpädagogik und Heilerziehungspflege an, d. h. neben der Bedeutung des Menschenbildes werden die „Denkwerkzeuge“ des diagnostischen Prozesses thematisiert. Eine besondere Gewichtung erfährt dabei die Auseinandersetzung mit den wissenschaftstheoretischen Zusammenhängen, da der Prozess der Diagnostik stets abhängig ist von den wissenschaftstheoretischen Modellen, die ihm zugrunde liegen. Beispielhaft werden einige methodische Verfahren im Allgemeinen erläutert, im Besonderen wird auf die rehistorisierende Diagnostik Bezug genommen. Abschließend wird das diagnostische Gutachten zum Gegenstand gemacht.

Die Aufgaben bzw. die Vertiefung und Anwendung des Erlernten, die alle Kapitel abschließen, bieten die Möglichkeit sich mit den entsprechenden Inhalten eingehend auseinander zu setzen.

Die im Text mit einem * gekennzeichneten Begriffe verweisen auf das Glossar im Anhang.

1 Diagnostik in der Heilpädagogik und Heilerziehungspflege: Eine Einführung

„Erst verstehen, dann erziehen"
(Moor 1999, S. 18)

- Was wird unter Diagnostik verstanden?
- Welcher Zusammenhang besteht zwischen Diagnostik und Heilpädagogik/Heilerziehungspflege?
- Was bedeutet die Diagnostik als Methode in der Heilpädagogik und Heilerziehungspflege?
- Welches sind die Schlüsselbegriffe der heilpädagogischen Diagnostik?

1.1 Der Begriff „Diagnostik“

Die Wurzeln der Begriffe „Diagnose“ und „Diagnostik“ liegen in der griechischen Sprache. Sie leiten sich unter anderem ab von dem griechischen Verb „diagignóskein“, das mit „völlig erkennen, beurteilen“ übersetzt werden kann (vgl. Kluge 1989, S. 140).

Von der ursprünglichen griechischen Wortbedeutung her (dia: durch, hindurch, auseinander; gnosis: Erkenntnis) ist „Diagnostik“ im weitesten Sinne als Erkenntnisgewinnung zu bestimmen. Das Tätigkeitswort „diagnostizieren“ bedeutet also „gründlich kennen lernen“, „entscheiden“, „beschließen“ und „durch und durch erkennen“ sowie „beurteilen“ (vgl. Gröschke 1999, S. 263; Strasser 2004, S. 15).

Diagnostik ist so gesehen ein Prozess, der im Kern die Tätigkeit des Erkennens beinhaltet, die in der Folge zu einer Erkenntnis führt, vor deren Hintergrund eine Beurteilung, eine Entscheidung und ein Beschluss gefällt wird.

Diagnostik ist also als ein folgerichtiges, planmäßiges Vorgehen zu verstehen, das zu einem Erkenntnisgewinn führt, der für pädagogische Zwecke nutzbar gemacht wird.

Diagnostik erfolgt insofern nicht an sich, sondern stellt im Ergebnis eine unterscheidende Beurteilung und Erkenntnis dar, die als Orientierungsgrundlage für zukünftige (heil-)pädagogische Handlungen verstanden werden kann. Die diagnostische Beurteilung und Erkenntnis wird beeinflusst von dem ihr zugrunde liegenden Menschenbild und von den wissenschaftstheoretischen Annahmen, die quasi ihre Maßstäbe darstellen (siehe Kapitel 3 und 4).

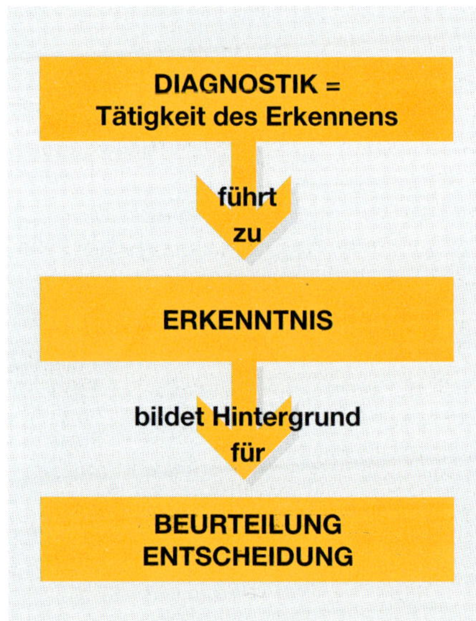

Zusammenhang zwischen Diagnostik, Erkenntnis und Beurteilung

1.2 Diagnostik in der Heilpädagogik und Heilerziehungspflege

Für den Bereich (Heil-)Pädagogik und der Heilerziehungspflege steht die Diagnostik im Zusammenhang mit Bildung, Förderung, Unterstützung und Lebensbegleitung für Menschen, die als behindert bezeichnet werden. Heilpädagogik im klassischen Verständnis von Moor verfolgt kein anderes generelles Ziel als die Pädagogik überhaupt:

> *„Auch Heilpädagogik ist Pädagogik und nichts anderes. Das Besondere an ihr ist, dass sie ihre Arbeit unter erschwerten Bedingungen zu vollbringen hat.“*
> *(Moor 1965, S. 12)*

Hanselmann versteht unter Pädagogik die Lehre von der planmäßigen Erziehung und er erläutert die Heilpädagogik wie folgt:

> *„Sie ist die Lehre von der Erziehung derjenigen Kinder, deren Entwicklungsfähigkeit irgendwie gehemmt, aber nicht aufgehoben ist."*
> *(Hanselmann 1997, S. 70)*

Pädagogik beschreibt den Prozess der Begleitung eines Menschen in der Verwirklichung seines Lebensplanes über alle seine Entwicklungs- und Altersstufen hinweg (vgl. Feuser 2001, S. 271).

Heilpädagogik und Heilerziehungspflege sind als Prozesse der Lebensbegleitung behinderter Menschen zu verstehen. Dabei verfolgen sie das Ziel der uneingeschränkten, gleichberechtigten und gleichwertigen Teilhabe behinderter Menschen am Leben in der Gemeinschaft. Sie sind das Mittel der Gestaltung und der Strukturierung von Lern- und Lebensfeldern unter erschwerten Bedingungen gemeinsam mit und für Menschen, die als behindert bezeichnet werden. Entsprechend geht es in der Diagnostik nicht nur um den einzelnen Menschen, sondern gleichermaßen um die erschwerten Bedingungen.

Um den Anspruch der Gewährung von Teilhabe gerecht zu werden, ist eine Erklärung der individuellen Ausgangsbedingungen einer behinderten Person unerlässlich. Unter den individuellen Ausgangsbedingungen eines Menschen sind ihre Beeinträchtigungen zu verstehen. Diese Beeinträchtigungen können z. B. spastische Lähmungen, Trisomie 21 (Down Syndrom), Blindheit, Taubheit usw. sein. Darüber hinaus ist eine Erklärung der Randbedingungen dieser Person nötig. Die Randbedingungen beschreiben im allgemeinsten Sinne die Lebensumstände, das Umfeld einer Person, d. h. seine Lebensbedingungen im sozialen Zusammenhang.

Es geht also um die Klärung der Fragen:

- Was bedeutet es für eine Person unter den Bedingungen einer Beeinträchtigung zu leben?
- Wie wirkt sich diese Beeinträchtigung auf die Lebensumstände der Person aus?

Die Beantwortung dieser beiden Fragen beschreibt den Prozess der Diagnostik in der Heilerziehungspflege und der Heilpädagogik: Diagnostik in der Heilpädagogik und Heilerziehungspflege bedeutet das Erkennen, das Erklären und das Verstehen der spezifischen individuellen Ausgangsbedingungen einer Person in ihrem Verhältnis zur Welt und zum Menschen.

Diagnostik in der Heilpädagogik beinhaltet also sowohl das Beobachten und Beschreiben der Einschränkungen, Schwierigkeiten und Behinderungen einer Person als auch die Erklärung, warum diese Person so ist wie sie ist. Heilpädagogische Diagnostik beschränkt sich nicht nur darauf zu erklären, was beispielsweise ein Kind mit Trisomie 21 nicht zu leisten im Stande ist. Kinder mit Trisomie 21 sind aufgrund chromosomaler Ursachen, die genetisch bedingt sind, beeinträchtigt. Sie wurden früher als Kinder mit Down Syndrom bzw. als mongoloide Kinder bezeichnet und sie gehörten zu dem Personenkreis, der als geistig behindert charakterisiert wurde. Neuere Forschungen belegen, dass Kinder mit Trisomie 21 prinzipiell lern- und entwicklungsfähig sind, sofern für sie die entsprechenden Lern- und Entwicklungsvoraussetzungen geschaffen werden (vgl. Feuser 1996, S. 18-25; Jantzen 2005, S. 59-74).

Die Trisomie 21 beschreibt die individuellen Ausgangsbedingungen der Entwicklung eines Menschen, d. h. die Mittel, die ihm zur Verfügung stehen, um sich mit seiner Wirklichkeit auszutauschen und zu entwickeln. Diagnostik hat damit nicht nur die Trisomie 21 eines Menschen zum Gegenstand, sondern auch die Lern- und Lebensverhältnisse dieses Menschen.

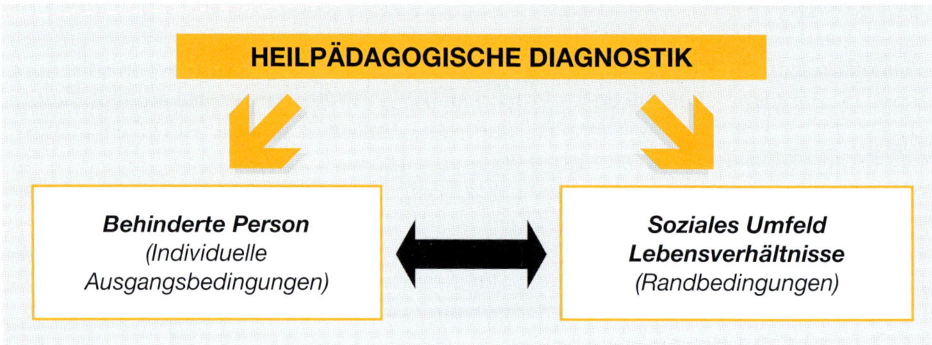

Individuelle Ausgangs- und Randbedingungen als Bezug der Diagnostik

Die Diagnostik ist als integraler Bestandteil des (heil-)pädagogischen Wirkens zu bestimmen. Bezogen auf die Gestaltung und Strukturierung von Lern- und Lebensfeldern umfasst sie alle Aufgaben- und Tätigkeitsbereiche, in denen Daten oder Informationen zum Zwecke von Entscheidungshilfen systematisch eingeholt und verwertet werden (vgl. Kormann 1982, S. 19).

Diagnostik lässt sich somit charakterisieren als eine

> *„Tätigkeit zur systematischen Erhebung und Auswertung von Daten oder Informationen, durch die sich Entscheidungen begründen und kontrollieren lassen."*
> *(Kornmann 2001, S. 163)*

Die Informationen und Daten beziehen sich sowohl

- auf die individuellen Ausgangsbedingungen als auch
- auf die Randbedingungen

der zu diagnostizierenden behinderten Person. Die im diagnostischen Prozess gewonnenen Erkenntnisse bilden so die Grundlage für das pädagogische Handeln, dessen Ziel die Teilhabe des behinderten Menschen am Leben in der Gesellschaft ist.

Die Methodologie* ist die Lehre von den Methoden, den wissenschaftlichen Verfahren. Der Begriff „Methode"* kommt vom griechischen *„methodos"* und bedeutet „Nachgehen, Verfolgen" d. h. planmäßiges, folgerichtiges Verfahren, Vorgehen, Forschen, Handeln.

Die Methode ist also ein

> *„systematisches Vorgehen nach bestimmten Grundsätzen und Regeln, folgerichtiges Herangehen an eine Aufgabe."*
> *(Pfeifer 2000, S. 867)*

Eine Methode verfolgt das Ziel Erkenntnisse zu gewinnen, diese zu begründen und zu überprüfen.

Die Diagnostik ist eine **Methode** um dieses Ziel zu erreichen:

*„Diagnostik ist Mittel zum Zweck bzw. Hilfsmittel auf dem methodisch angeleiteten Weg der Realisierung **heilpädagogischer Ziele**, allgemein und in jeden konkreten Einzelfall."*
(Gröschke 2004, S. 3)

Diagnostik ist nach Gröschke (2004), *„Teil der heilpädagogischen Methodenlehre"* (vgl. S. 3) und beinhaltet im weitesten Sinne eine Vorgehensweise, wie sowohl die individuellen Ausgangsbedingungen eines Menschen als auch seine Randbedingungen zu erklären und verstehen sind. Die Methoden der Diagnostik führen zu Erkenntnissen über die zu diagnostizierende Person. Diese Erkenntnisse bilden die Grundlage für die heilpädagogische Lebensbegleitung dieser Person, d. h. sie beeinflussen die Gestaltung der pädagogischen Tätigkeiten.

Entsprechend braucht die Diagnostik Erklärungswissen, auf dessen Grundlage die Erkenntnisse innerhalb des diagnostischen Beurteilungs- und Entscheidungsprozesses gewonnen werden.

1.3 Schlüsselbegriffe der Diagnostik in der Heilpädagogik und Heilerziehungspflege

Der diagnostische Prozess lässt sich beschreiben als ein Weg vom Erkennen zum Erklären zum Verstehen zum pädagogischen Handeln. Der diagnostische Prozess erfolgt nicht voraussetzungslos. Erkennen ereignet sich stets vor dem Hintergrund des Erkenntnis- und Erfahrungsstandes bzw. vor dem Hintergrund des dem Erkennen zugrunde liegenden Erklärungswissens. Das heißt zum Beispiel, dass „sehen" nicht gleich „erkennen" ist, denn im Sehen wird nur das erkannt, was vor dem Hintergrund der Erkenntnisse bzw. vor dem Hintergrund des Erklärungswissens für die sehende Person zu erkennen und erklären ist. Sowohl die Beobachtung und Beschreibung der Ausgangs- und Randbedingungen als auch das Erkennen des Wissens vom Nichtwissen im diagnostischen Prozess bezieht sich auf den Erkenntnisstand der diagnostizierenden Personen. Insbesondere das Erkennen des Wissens vom Nichtwissen geht mit dem Aufwerfen von Fragen und Problemstellungen einher, die im diagnostischen Prozess nach Antworten und Lösungen verlangen, d. h. Erklärungswissen erfordern, um verstehende Zugänge für die pädagogische Begleitung zu schaffen. Das bedeutet:

- Erkennen, Erklären und Verstehen sind Schlüsselbegriffe für die diagnostischen Beurteilungs- und Entscheidungsprozesse,
- die Übergänge kennzeichnen die Methodologie der Diagnostik.

Die Schlüsselbegriffe beschreiben die Grundsätze bzw. Regeln der (heil-)pädagogischen Diagnostik. Sie verdeutlichen die Vorgehensweise und die verschiedenen Übergänge des diagnostischen Geschehens.

Schlüsselbegriffe des diagnostischen Geschehens

Heilpädagogische Diagnostik beinhaltet in dieser Bestimmung:

- dass sie einer Methodologie bedarf,
- die den Weg festlegt, der begangen wird, um
- sich über das Erkennen Erklärungswissen über einen Menschen zu erarbeiten,
- so dass Verständnis möglich wird als entscheidende Grundlage dafür,
- dass sich in der Begegnung ein Dialog
- und im Dialog das konkrete pädagogische Handeln entfalten kann.

Zusammenfassung

Unter Diagnostik in der Heilpädagogik und Heilerziehungspflege wird ein methodisches Verfahren verstanden, in dem durch den Prozess des Erkennens Erkenntnisse gewonnen werden, so dass Verständnis ermöglicht wird. Dieses Verständnis ist Grundlage für die heilpädagogische Gestaltung der Lebensbegleitung einer behinderten Person, die das Ziel ihrer uneingeschränkten, gleichberechtigten und gleichwertigen Teilhabe am Leben in der Gesellschaft verfolgt.

Diagnostik ist so gesehen ein Prozess der Übergänge vom Erkennen zum Erklären zum Verstehen im Dienste der heilpädagogischen und heilerziehungspflegerischen Gestaltung und Strukturierung von Lern- und Lebensbedingungen für Personen, die als behindert bezeichnet werden.

Aufgaben

1. Bestimmen Sie die Begriffe „Diagnostik“ und „diagnostizieren“.
2. Warum braucht die (Heil-)Pädagogik und Heilerziehungspflege eine Diagnostik?
3. Beschreiben Sie den Zusammenhang zwischen Pädagogik und Diagnostik.
4. Erklären Sie den Begriff „Methode“.
5. Nennen Sie die Schlüsselbegriffe der heilpädagogischen Diagnostik.
6. Beschreiben Sie den Weg der heilpädagogischen Diagnostik.

Vertiefung und Anwendung des Erlernten

Überprüfen Sie Ihr heilpädagogisches und heilerziehungspflegerisches Handeln dahingehend, inwieweit Sie innerhalb Ihrer konkreten pädagogischen Arbeit,

- *erkennen, welche diagnostische Frage- und Problemstellung bezogen auf eine Person, die als behindert bezeichnet wird, zu beantworten und zu lösen ist, d. h.*
- *ob Sie sich die spezifische Lern- und Lebenssituation dieses Menschen erklären können,*
- *so dass Sie auf dieser Grundlage, ein Verständnis für diesen Menschen entwickeln,*
- *um konkret mit ihm pädagogisch handeln zu können.*

2 Heilpädagogische Diagnostik im Wandel

„Immer aber ist das Verhalten, das psychisch kranke und behinderte Menschen zeigen, (...) ein Resultat der durch innere und/oder äußere Ereignisse dramatisch veränderten Möglichkeit, Autonomie aufrechtzuerhalten."

(Jantzen 1996, S. 15)

- Wodurch zeichnet sich der Wandel der Diagnostik in der Heilerziehungspflege und Heilpädagogik aus?
- Was kennzeichnet die traditionelle (heil-)pädagogische Diagnostik?
- Was bedeutet die Orientierung der traditionellen Diagnostik am „medizinischen Modell"?
- Welcher Zusammenhang besteht zwischen Diagnostik und der Bestimmung von Behinderung als „soziale Konstruktion"?
- Welche Auswirkungen hat der Perspektivenwechsel auf die (heil-)pädagogische Diagnostik?

2.1 Ein Blick zurück

Die Diagnostik in der Heilpädagogik und Heilerziehungspflege ist in Bewegung geraten. Das Motto „Weg von den Defekten – Hin zu den Kompetenzen“ (vgl. Feyerer 2004, S. 13) drückt den Prozess der Veränderung im Fach Heil- und Sonderpädagogik aus. Von diesem Perspektivenwechsel bezüglich der Beurteilung der Lebenssituation behinderter Menschen ist auch die heilpädagogische Diagnostik betroffen.

Die historisch traditionelle Verbundenheit der Heil- und Sonderpädagogik mit der Medizin und Psychiatrie bestimmte lange Zeit die Diagnostik innerhalb der Heilpädagogik und der Heilerziehungspflege: die Sonder- und heilpädagogische Diagnostik knüpfte jahrzehntelang ausschließlich am „medizinischen Modell“ an (vgl. Bundschuh 1994, S. 32f).

Das „medizinische Modell“ von Behinderung hält an folgenden Annahmen fest:

- Das Individuum als Träger von gestörtem Verhalten ist krank,
- die Symptome lassen sich wie Symptome einer körperlichen Krankheit beobachten und kategorisieren,
- die Krankheit entspricht zugrundeliegenden Prozessen, die innerhalb der Person gegeben sind.

Eine Diagnostik, die sich an dem „medizinischen Modell“ orientiert, macht die äußere Erscheinung eines Menschen zu seinem inneren Wesen. Beispielsweise führt Bleuler (1979) in seinem Lehrbuch der Psychiatrie zum äußeren Erscheinungsbild eines „höher stehenden Idioten“ folgendes aus: „Den etwas höher stehenden [Idioten] fehlt die ‚Haltung‘; oft zeigt der herabhängende Kiefer, der offene, manchmal geifernde Mund die mangelnde psychische Energie“ (S. 581). Zur Verdeutlichung dieser Annahmen zeigt Bleuler Fotos, die einen lachenden Mann darstellen. Dieses Lachen wird von ihm als ein „blödes Lachen“ bezeichnet und wie folgt kommentiert: „Obwohl sich neben dem Lacheffekt eine gewisse Verwunderung oder Erwartung ausdrückt, ist die Mimik ungemein grob und ungehemmt. Sie drückt kein Gedankenspiel aus. Der Ausdruck ist das Gegenteil von ‚durchgeistigt‘“ (S. 580). Bleuler kommt zu dem Ergebnis, dass der auf dem Foto abgebildete Mensch dem „Typus Kasperlefigur“ zuzuordnen sei.

Auf der Grundlage des „medizinischen Modells“ wurde eine Differenzierung der verschiedenen Grade der so genannten geistigen Behinderung vorgenommen, d. h. eine Unterteilung nach „Debilität“*, „Imbezillität“* und „Idiotie“* (vgl. Bleuler 1979; Tölle 1985).

Bleuler (1979) kennzeichnet als die „höchsten Grade des Schwachsinn die „Idiotie“, die „man meist schon bei einer kurzen Begegnung“ erkennt (S. 575). Charakteristisch für „Idioten“ sei, dass sie „nicht lernen“, nur „mangelhaft sprechen“, vom „Schulwissen nichts aufnehmen“, nicht dazu in der Lage sind, einem „Erwerb nachzugehen“ und „im höchsten Grade pflegebedürftig“ (S. 575) sind. „Schwerste Idioten“ sind nach Bleuler „vollständig hilflos“, „regelmäßig unrein“, „ungebärdig“, „schreien“, „schlagen sich oder irgendetwas in der Umgebung“, „wiegen sich“, „wackeln mit dem Kopf“, begleiten ihre Bewegungen mit „grunzenden, schreienden oder murrenden Lauten“ (S. 581). Insbesondere „eretische* Idioten“ bezeichnet er als „schwierige Kranke“, „besonders wenn sie noch fähig sind herumzulaufen“, denn sie „fassen alles an, beschmutzen, zerstören aus Unaufmerksamkeit und absichtlich“ (S. 581). Tölle (1985) definiert „Idiotie“ als „absolute Bildungsunfähigkeit (einschließlich des Erlernens der Sprache)“, „Hilflosigkeit und Pflegebedürftigkeit“ (S. 304).

Diese am „medizinischen Modell“ orientierte Diagnostik dominierte die Heil- und Sonderpädagogik noch bis in die 70er und 80er Jahre des vergangenen Jahrhunderts. Diese Diagnostik geht von dem Krankheitsgeschehen (Pathologie*) und von der Mangelhaftigkeit (Defektivität) der zu diagnostizierenden Personen aus. Je nach Schweregrad und Umfang einer nach ihrer Auffassung darauf beruhenden Behinderung bzw. einer psychischen Erkrankung einer Person, wurde dieser Person ihre Erziehungs- und Bildbarkeit abgesprochen.

Diese Diagnostik stellt *eine Etikettierung*, eine Stigmatisierung* des behinderten Menschen dar, über die hinaus es keine Möglichkeit der Aktion oder Annäherung gibt (vgl. Basaglia 1974, S. 7).*

Entsprechend erfüllte sie die Funktion, den Ausschluss und die Besonderung für behinderte Menschen so zu begründen, dass ihnen die Teilhabe am Leben in der Gemeinschaft verweigert wurde. Solche Diagnosen hatten den Charakter von „Krankheitsurteilen“ (vgl. Herzog 1984).

Grundlegend basiert das „medizinische Modell“ auf Annahmen, innerhalb derer von der Krankheitsgeschichte (Ätiologie) auf die Entwicklung der krankhaften Veränderungen im menschlichen Organismus (Pathogenese) geschlossen wird, die in der Folge wiederum die Grundlage dafür bildet, wie sich die Krankheit verfestigt (manifestiert) (vgl. Hirschberg 2003, S. 23).

Medizinisches Krankheitsmodell

Diesem Ansatz folgend wird die Behinderung eines Menschen als Eigenschaft dieser Person verstanden und all ihre Tätigkeiten, Probleme und Lebensäußerungen werden letztlich auf das so genannte pathologische, d. h. auf das krankhafte Geschehen zurückgeführt.

Der Kern dieser defekt*- und abweichungsbezogenen Betrachtung ist ein in einer medizinisch-biologistischen Tradition stehendes Menschenbild: Das Erscheinungsbild eines Menschen, der als behindert bezeichnet wird, und die an ihm zu beobachtenden Beeinträchtigungen werden als das Wesen und die Natur dieses Menschen verstanden. Der diagnostische Blick richtet sich nur auf die so genannten „Defizite“ und schaut nicht auf die vorhandenen Ressourcen* des Menschen. Außerhalb der Person liegende Verursachungsfaktoren ihrer Probleme werden nicht berücksichtigt. Eine Person mit einer körperlichen Beeinträchtigung im Sinne einer spastischen Lähmung wird beispielsweise nur auf ihre körperlichen Beeinträchtigungen reduziert. Eine Person mit Trisomie 21 wird nur in ihrer genetischen Beeinträchtigung gesehen. Menschen, die blind oder taub sind, werden auf ihre Blindheit bzw. Taubheit reduziert. Es besteht also eine Fixierung auf die Symptome einer Person, d. h. auf das von außen zu beobachtende Verhalten eines Menschen, das als „Abweichung“ von einer zuvor festgelegten Norm bewertet wird.

In der Folge wird der beeinträchtigte Mensch als „Besonderer“ klassifiziert* und aufgrund dieser Einordnung sozial und gesellschaftlich ausgesondert und ausgegrenzt. Die Aussonderung aus den regulären Lern- und Lebensfeldern geht einher mit der Einweisung bzw. Zuweisung des betroffenen Menschen in besondere Einrichtungen, die für ihn den sozialen Ausschluss aus seinen regulären Lern- und Lebenszusammenhängen bedeuten.

Dieses diagnostische Vorgehen ist ein „individuelles Modell" von Behinderung, das die Umweltfaktoren, d. h. die Verhältnisse eines Menschen zu seiner natürlichen Umwelt und zu seinem sozialen Umfeld nicht beachtet (vgl. Hirschberg 2003, S. 9 f.). Diese Individuumszentriertheit entspricht der traditionellen sonderpädagogischen Selektionsdiagnostik*, die sich am Krankheitsbegriff des „medizinischen Modells" orientiert. Die heilpädagogische Selektionsdiagnostik entwickelte Methoden, die sich auf die Erfassung von individuellen Merkmalen beschränkten, die als „objektive" Verfahren zur Untersuchung und Beurteilung der Lern- und Entwicklungssituation eines Menschen angesehen werden.

Bei diesen so genannten objektiven diagnostischen Verfahren handelt es sich jedoch um einen „klassischen Denkfehler der sonderpädagogischen Diagnostik" (vgl. Eggert 2003, S. 16-38).

Die Heilpädagogik ist

> *„während eines ganzen Jahrhunderts dem Irrtum aufgesessen, aus ärztlichen Diagnosen (medizinischen Krankheits- und Behinderungsvorstellungen) ließen sich ‚entsprechend' pädagogische Zielsetzungen, Methoden und Institutionen ableiten. Entscheidend für die erzieherischen und unterrichtlichen Belange sind jedoch Arten und Grade der Lern- und Lehrfähigkeit (...) und nicht irgendwelche Sachverhalte im Bereich der Organsysteme."*
> *(Kobi 2003, S. 66)*

2.2 Der Perspektivenwechsel in der heilpädagogischen Diagnostik

Vor dem Hintergrund der jahrzehntelangen Vorherrschaft medizinischen Denkens innerhalb der Heil- und Sonderpädagogik wurden Menschen, die als behindert bezeichnet werden, als krank mit entsprechenden Ursachen und Symptomen diagnostiziert, die einer besonderen Therapie bzw. Pädagogik in speziellen Institutionen bedürfen. Eggert (2003) formuliert in diesem Zusammenhang ein „Unbehangen an der Diagnostik" (S. 22 f). Diese Unzufriedenheit innerhalb der Heil- und Sonderpädagogik geht seines Erachtens „auf das Unbehagen an einer Methodik und auf Zweifel an der Sinnhaftigkeit des Vorgehens" im diagnostischen Geschehens zurück.

Eine neue Sicht auf die Diagnostik in der Heilerziehungspflege und Heilpädagogik geht nach Eggert einher mit dem Wechsel von der Konstanz- zur Veränderungsannahme als übergeordnetes Moment. Dabei geht es um die Überwindung der Konstanzannahme, dass eine Behinderung

> *„ein letztlich unveränderbarer Defekt sei, der in umweltunabhängiger Weise die Lebenschancen eines Individuums andauernd begrenzt."*
> *(Eggert 2003, S. 20)*

Die Veränderungsannahme hingegen beinhaltet, dass z. B. eine hirnorganische Beeinträchtigung die individuellen Ausgangsbedingungen der Entwicklung eines Menschen beschreibt, die in seinem Verhältnis zur Welt und zum Menschen behindernde Bedingungen setzen kann, deren tatsächliche spätere Wirkung auf die Entwicklung aber nicht ohne weiteres im Voraus bestimmbar ist. Mithin ist die Beeinträchtigung eines Menschen für die Festlegung seiner Entwicklungsmöglichkeiten nicht von zentraler Bedeutung.

Die folgende Tabelle fasst die grundsätzlichen Unterschiede der beiden Sichtweisen zusammen:

KONSTANZANNAHME	VERÄNDERUNGSANNAHME
Defektdenken und Schädigungsfaszination	Entwicklung als Entfaltung von absehbaren Potenzialen durch umfassende Förderung
Schädigung als Grenze der Entwicklung	Lebenslange Entwicklung und Förderung
Stabilität des Fähigkeitsprofils auf niedrigstem Niveau	Ständige Fortentwicklung von Fähigkeiten auf höhere Niveaus

(nach Eggert 2003, S. 21)

Dem „defektorientierten" Ansatz in der Heil- und Sonderpädagogik wird entsprechend eine sozialwissenschaftlich fundierte ökosystemische* Sichtweise entgegengestellt, die das Phänomen Behinderung im Sinne einer WHO*-Definition von 1980 nicht als Eigenschaft bestimmter Personen versteht, sondern als sozial bedingte Folge von individueller Schädigung (Impairment) oder Leistungsminderung bzw. Funktionsbeeinträchtigung (Disability) (vgl. Feyerer 2004, S. 12).

Das WHO-Konzept von 1980 umfasst die Komponenten

- der Schädigung (Impairment),
- der Beeinträchtigung (Disability) und
- der Behinderung (Handicap).

Eine Schädigung resultiert in diesem Verständnis aus einer Krankheit, eine Beeinträchtigung aus der Schädigung und aus der Beeinträchtigung oder direkt auf die Schädigung folgt eine Behinderung.

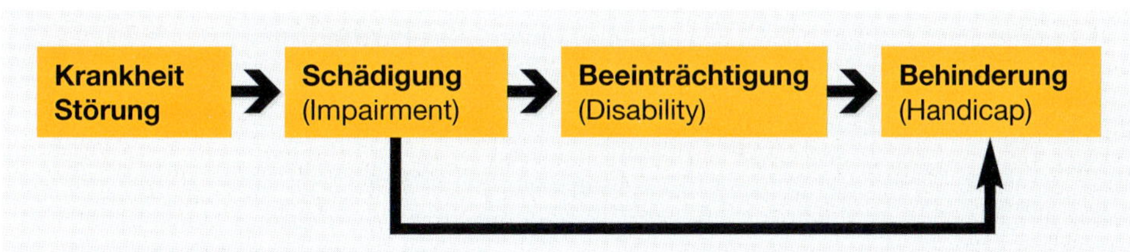

Modell der WHO (nach Hirschberg 2003, S. 26)

Eine fachwissenschaftliche veränderte Sichtweise zu der „Defektorientierung und Individuumszentrierung" entwickelte sich insbesondere durch die Forschungsergebnisse von Feuser (1995; 1996) und Jantzen (1987; 1990), die ihren Fokus auf die soziale Situation der Menschen, die als behindert bezeichnet werden, richteten. Die Bestimmung des Phänomens Behinderung als soziale Konstruktion führte in der Heil- und Sonderpädagogik zu einer wissenschaftlich neuen Sichtweise, die zumindest auf der theoretischen Ebene ein verändertes Verständnis von Behinderung thematisierte. Nicht die Behinderung, sondern die Person in ihren be-hindernden Bedingungen ist von zentraler Bedeutung.

Bereits Anfang der 80er-Jahre finden sich ähnliche Ansätze beispielsweise in der so genannten „Förderdiagnostik“ (vgl. Kormann/Meister/Schlee 1994). Nicht das diagnostische Erfassen der vermeintlich unveränderlichen Persönlichkeitsmerkmale eines Menschen standen im Vordergrund. Vielmehr sollte das Lebens- und Lernumfeld einer Person diagnostisch zum Gegenstand gemacht werden, um daraus individuelle Fördermaßnamen abzuleiten.

Entsprechend kennzeichnen nicht die physischen*, psychischen* und biologischen Beeinträchtigungen die „Behinderung“, sondern die soziale Entwicklungssituation entscheidet maßgeblich darüber, ob oder wie ein Mensch in seinem Entwicklungsprozess behindert wird. Das wichtigste Moment für eine allgemeine Bestimmung der Dynamik der individuellen Entwicklung ist die Erfassung der Beziehungen zwischen der Persönlichkeit des Kindes und seinem sozialen Milieu als eine veränderliche Beziehungen (vgl. Wygotski 1987, S. 75 f). Die soziale Entwicklungssituation bestimmt in diesem Sinne die Lebensweise eines Menschen und sein soziales Sein. Gegenstand der heilpädagogischen Diagnostik ist damit die Wirklichkeit eines Menschen und in dieser Wirklichkeit sein Verhältnis zur Welt und zum Menschen.

Vor diesem Hintergrund wird die derzeitige Diskussion über Diagnostik in der Heilpädagogik und Heilerziehungspflege geführt. Bundschuh (1999) spricht in diesem Zusammenhang von den „gegenwärtigen und zukünftigen herausfordernden Themen der Diagnostik im sonder- und heilpädagogischen Arbeitsfeld“, die er als „Kind-Umfeld-Diagnose“, „Verstehensdiagnose“ und „Kompetenzorientierung“ (vgl. S. 7) bezeichnet.
Mit anderen Worten:

„Sonderpädagogische Diagnostik hat als Teilgebiet der Sonder- und Heilpädagogik die behindernden Bedingungen sowie helfende bzw. unterstützende Möglichkeiten zu erforschen mit dem Ziel der Auffindung bzw. Freilegung von Kompetenzen.“*

(Bundschuh 2004, S. 39)

Der Perspektivenwechsel in der fachwissenschaftlichen Diskussion wird durch folgende Beispiele verdeutlicht:

„Wer Sozialverhalten als Merkmal eines Schülers sieht, es als störend, defizitär und förderbedürftig betrachtet, übersieht den sozialen und situativen Kontext. Vielleicht übersieht er auch, dass störendes Verhalten immer an den Normen des Beurteilers gemessen ‚störend' erscheint.“

(Begemann 2002, S. 9)

Beispielsweise kann das häufige Fragen eines Kindes einerseits als störend, defizitär und förderbedürftig bewertet werden, und andererseits als ein Hinweis darauf, dass dieses Kind die Fragen aus dem Grunde stellt, um sich zu vergewissern, damit es sich im Handeln orientieren kann. Das bedeutet, die Bewertung hängt stets von den Maßstäben ab, die diesen zugrunde liegen.

„Würde ich aus einem Film, den die Zuschauer nicht kennen, ein Filmbild herausschneiden und als Dia projizieren, wäre mit sehr hoher Wahrscheinlichkeit niemand in der Lage, exakt herauszufinden, welche Szene zu diesem Bild geführt hat und welche Szene diesem Bild nachfolgen, geschweige denn, dass der Ausgang des Filmes richtig vorherzusagen zu beurteilen wäre. Aber wir testen einen Menschen zu irgendeinem Zeitpunkt seiner Lebensgeschichte und meinen dann zu wissen, welchen Lebensweg er einzuschlagen hat und welche Bildung ihm zu ermöglichen oder vorzuenthalten ist.“

(Feuser 2000, S. 155)

Für die Diagnostik bedeutet das, dass in der Heilpädagogik und Heilerziehungspflege generell über das Phänomen Behinderung und psychische Auffälligkeiten neu nachgedacht wird. Nicht nur der Mensch, der als behindert bezeichnet wird, ist Gegenstand des diagnostischen Prozesses, sondern der Mensch in seinem Wechselverhältnis zur Umwelt und zu seinem sozialen Umfeld.

Wer dem Motto „Weg von den Defekten – Hin zu den Kompetenzen“ folgt, sollte unbedingt berücksichtigen, dass in der Diagnostik nicht die eine Eigenschaftsorientierung durch eine andere ausgetauscht wird. Die Konzentration auf die Kompetenzen eines Individuums birgt innerhalb eines diagnostischen Prozesses die Gefahr des Ausschlusses der Bereiche eines Menschen, die im Unterschied zu den Kompetenzen als „defizitär“ bezeichnet werden.

Dieser so genannte „defizitäre“ Bereich eines Menschen ist jedoch auch Gegenstand der Diagnostik in der Heilerziehungspflege und Heilpädagogik. Mithin ist diagnostisch zu klären, wie die spezifischen Ausgangsbedingungen der Entwicklung eines Menschen in seinem Verhältnis zur Wirklichkeit wirken. Bezugnehmend auf die in Kapitel 1 angeführten Erläuterungen zur Diagnostik ist also stets zu fragen, was es z. B. für eine Person bedeutet unter den Bedingungen einer Trisomie 21 oder einer spastischen Lähmung oder aber unter Bedingungen einer Erblindung oder Taubheit zu leben? Es stellt sich zudem die Frage, wie sich die individuellen Ausgangsbedingungen der Entwicklung einer Person auf ihre soziale Umwelt auswirken. Darin liegt möglicherweise die Erklärung dafür, dass die Entfaltung ihrer Kompetenzen nicht möglich war.

Zusammenfassung

Die (heil-)pädagogische Diagnostik befindet sich in einer Phase des Umbruches. Der aus der traditionellen Nähe der Heilpädagogik zur Medizin und Psychiatrie begründeten Orientierung am „medizinischen Modell“ wird – zumindest auf der Ebene der fachwissenschaftlichen Diskussion innerhalb der Heil- und Sonderpädagogik – zunehmend eine sozialwissenschaftlich ökosystemische Sichtweise des Phänomens Behinderung entgegengehalten. Der Ausschluss und die Besonderung von Menschen, die als behindert bezeichnet werden, ist in diesem Verständnis nicht logische Folge ihrer Beeinträchtigung, sondern wird als ihre Behinderung selbst erkannt.

Heilpädagogische Diagnostik hat aufbauend auf der Überwindung des „medizinischen Modells“ die spezifischen Lebens- und Entwicklungsbedingungen eines Menschen zu erkennen und zu erklären, um so verstehende Zugänge für die pädagogische Begegnung zu schaffen.

Dabei erklären sich diese Lebens- und Entwicklungsprozesse nicht aus der Person selbst, sondern stets aus ihrem Verhältnis zur Umwelt und seinem psychosozialen Beziehungsnetz.

Aufgaben

1. Welche Annahmen liegen dem „medizinischen Modell“ zugrunde?
2. Wie wirkte und wirkt sich das „medizinische Modell“ auf die heilpädagogische Diagnostik aus?
3. Inwiefern handelt er sich bei dem „medizinischen Modell“ um ein „individuelles Modell“?
4. Was kennzeichnet den „Perspektivenwechsel“ in der heilpädagogischen Diagnostik?
5. Wie wirkt sich der „Perspektivenwechsel“ auf die heilpädagogische Diagnostik aus?

Vertiefung und Anwendung des Erlernten

Überprüfen Sie Ihr heilpädagogisches Handeln dahingehend, inwieweit Sie sich in der konkreten Begegnung mit Menschen, die als behindert bezeichnet werden, Ihnen unverständlich und sinnlos erscheinende Handlungen dieser Menschen aus der Lebens- und Entwicklungssituation, d. h. aus ihren Verhältnissen zur Welt und zum Menschen zu erklären versuchen.

Bilden Sie Gruppen und diskutieren Sie folgende Fragen:

- *Welche Auswirkungen hat eine „Defektorientierung“ in der Diagnostik für die behinderten Personen?*
- *Wie ist diese „Defektorientierung“ in der Diagnostik zu überwinden?*

3 Das Menschenbild als Grundlage der Diagnostik

„Wir erkennen uns selbst, weil wir andere erkennen,
und auch in derselben Art und Weise, wie wir andere erkennen,
weil wir in Beziehung zu uns selbst eben das darstellen,
was die anderen in Beziehung zu uns sind".
(Wygotski 1985, S. 305)

- Welchen Stellenwert hat das Menschenbild in der heilpädagogischen Diagnostik?
- Warum wirkt sich die Menschenbildkonzeption auf die Diagnostik aus?
- Warum ist die Klärung der Frage des Menschenbildes für die Diagnostik notwendig?
- Welche Bedeutung hat das Verhältnis der Menschen untereinander für den diagnostischen Prozess?
- Was wird unter dem Begriff „Ganzheitlich" verstanden und welche Bedeutung hat er für die Diagnostik?
- Warum ist der Austausch eines Menschen mit seiner Wirklichkeit Gegenstand der Diagnostik?
- Inwiefern ist Behinderung ein sozialer Prozess?

3.1 Die Bedeutung des Menschenbildes für die Diagnostik

Heilpädagogik und Heilerziehungspflege erfolgt nicht voraussetzungsfrei. Erziehung, Bildung, Therapie und Diagnostik sind Tätigkeiten die auf einer grundlegenden Vorstellung vom Menschen basieren. Vor deren Hintergrund wird zum Beispiel über die Wahl der Methoden der Diagnostik entschieden. Jeder Diagnostik liegt insofern ein Bild vom Menschen zugrunde, das das diagnostische Handeln nicht nur beeinflusst, sondern maßgeblich bestimmt. Das Menschenbild ist damit eine Orientierungsgrundlage für die Diagnostik in der Heilpädagogik und Heilerziehungspflege.

Der Prozess der Diagnostik vom Erkennen zum Erklären zum Verstehen zum pädagogischen Handeln braucht als Hintergrund ein Verständnis vom Menschen im Allgemeinen und vom Menschen, der als behindert bezeichnet wird, im Besonderen. Dabei ist die Frage zu klären, welches Verständnis vom Menschen die im (heil-)pädagogischen Prozess Tätigen in ihrem diagnostischen Handeln lenkt, leitet und führt.

„Der praktische und der wissenschaftliche Heilpädagoge muss sich über die Grundhaltung zum eigenen Menschsein klar werden. Er muss von sich selbst eine Vorstellung davon erarbeiten, wie er sich als Mensch und wie er sein Verhältnis zu anderen Menschen definieren will."
(Haeberlein 2003, S. 13)

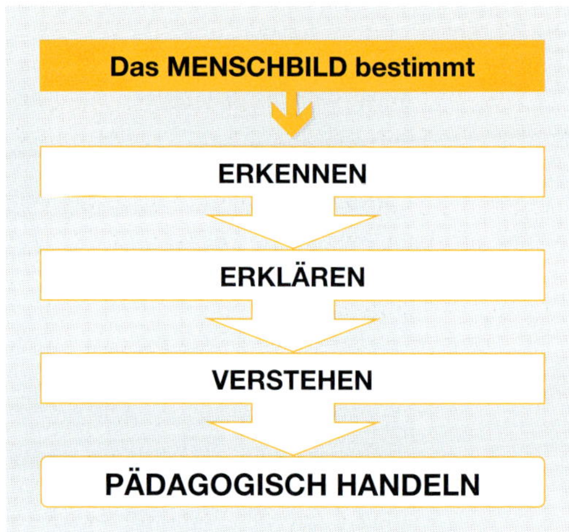

Das Bild vom Menschen als Grundlage der Diagnostik

Das Menschenbild, das im Hinblick auf Menschen, die als behindert bezeichnet werden, als Orientierungsgrundlage der diagnostischen und pädagogischen Prozesse zum Zuge kommt, bestimmt einerseits

- wie der Andere wahrgenommen

  und andererseits

- wie mit ihm umgegangen wird.

Eine so genannte „defektorientierte" Auffassung vom Menschen, die beispielsweise einen beeinträchtigen Menschen biologisch*-medizinisch-psychiatrisch für „defekt", psychologisch für „deviant"* und pädagogisch für behindert hält, wird in der gesellschaftlichen Praxis seine Be- und Aussonderung herbeiführen.

Wird hingegen die Beeinträchtigung eines Menschen als eine spezifische Möglichkeit des menschlichen Seins gesehen, das prinzipiell kein anderes menschliches Sein darstellt, so wird dieser Mensch als eine einmalige Persönlichkeit mit Möglichkeiten und Grenzen erkannt, die er unter bestimmten Bedingungen entfaltet, so dass er sich handelnd die Welt aneignen, sie mitgestalten und sich selbst in die Gemeinschaft einbringen kann (vgl. Jantzen 1987).

Die Frage nach dem Menschenbild ist von zentraler Bedeutung, weil sich die diagnostischen Haltungen und Handlungen aus eben diesem Verständnis des Menschseins ableiten. Sie ist nur dann angemessen zu beantworten, wenn der Mensch nicht nur als Individuum, sondern vor allem als soziales „dialogisches" Wesen betrachtet wird.

3.2 Das Verhältnis des Menschen zum Menschen – die „dialogische Seinsbestimmung"

Unabhängig vom Schweregrad der Beeinträchtigung ist grundsätzlich von einer lebenslangen Bildungs- und Entwicklungsfähigkeit des Menschen auszugehen. Prinzipiell verfügen Menschen damit über die Möglichkeit der Entwicklung, die aber nur dann verwirklicht werden kann, wenn ihnen in ihrer Umwelt und ihrem sozialen Umfeld die dafür erforderlichen Bedingungen und Voraussetzungen geschaffen werden.

Entsprechend vollzieht sich die Entwicklung eines Menschen in einem wechselseitigen Austausch mit der Umwelt und mit anderen Menschen, innerhalb dessen er sich erlebt und erkennt. Alles was ist, ist aus diesen Verhältnissen entstanden, die wiederum bestimmten Bedingungen unterliegen.

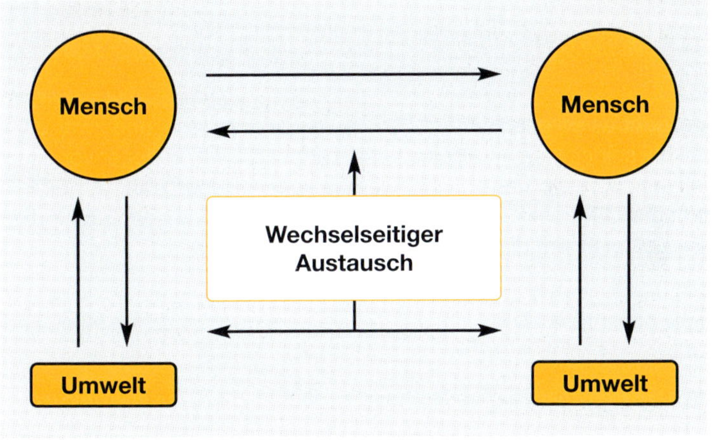

Wechselseitige Austauschverhältnisse zwischen Mensch und Umwelt (in Anlehnung an Feuser 2000, S. 153)

Der Mensch steht insofern mit anderen Menschen und der Umwelt in ständiger Wechselbeziehung. Gemeinsam ermöglichen sie sich dadurch nicht nur ihre wechselseitige Existenz, sondern sie erzeugen so auch die Qualität ihrer Zustände, indem sie sich wechselseitig anerkennen und bestätigen. Das heißt im Sinne von Buber (1984): Der Mensch wird am „Du zum Ich". Das heißt, ein Mensch wird erst in der Begegnung mit einem anderen Menschen im Sinne eines „Du" und in der Begegnung durch den Dialog sein „Ich" entfalten.

Diagnostik umfasst insofern einen wechselseitigen Beziehungsprozess. Das bedeutet, im Erkennen der „Potenzialität", d. h. Möglichkeiten der Entwicklung eines Menschen, ist die Erkenntnis der eigenen Entwicklung der diagnostisch handelnden Personen eingeschlossen.

Der Mensch steht zu anderen Menschen in Beziehung. Er erlebt und erkennt sich stets nur im Verhältnis zu anderen Menschen. Über seine Verbundenheit zur Welt und damit zum Menschen entwickelt und entfaltet ein Mensch sein Ich, sein Bewusstsein, sein Wahrnehmen, sein Denken und Handeln.

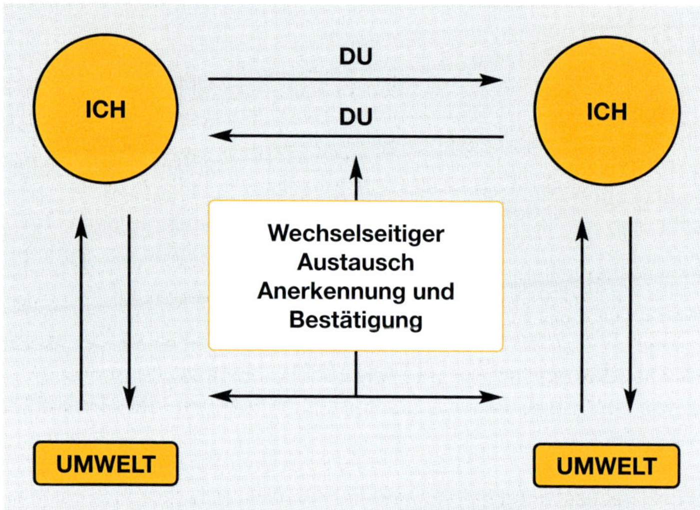

Ich-Du Verhältnisse nach Buber (in Anlehnung an Feuser 2000, S. 153)

Der Diagnostik geht es so gesehen um den ganzen Menschen, „und zwar um den ganzen Menschen sowohl seiner gegenwärtigen Tatsächlichkeit nach, in der er vor dir lebt, als auch seiner Möglichkeit nach, als was aus ihm werden kann“ (Buber 1986, S. 65). In diesem Verständnis nimmt die Diagnostik die Existenz des Menschen aus dem Blickwinkel der Beziehung wahr, die sich in einem dialogischen Verhältnis ausdrückt.

Das Dialogische beschränkt sich nicht auf den Verkehr der Menschen miteinander, sondern es ist

„ein Verhalten der Menschen zueinander, das sich in ihrem Verkehr nur eben darstellt.“
(Buber 1984, S. 149)

Der echte Dialog ist dadurch gekennzeichnet, dass

„jeder der Teilnehmer den oder die anderen in ihrem Dasein und Sosein wirklich meint und sich ihnen in der Intention zuwendet, dass lebendige Gegenseitigkeit sich zwischen ihm und ihnen stifte.“
(Buber 1984, S. 166)

Das dialogische Leben ist so gesehen nicht eines,

„in dem man viel mit Menschen zu tun hat, sondern eins, in dem man mit den Menschen, mit denen man zu tun hat, wirklich zu tun hat.“
(Buber 1984, S. 167)

Die lebendige Gegenseitigkeit, d. h. die Partizipation* beider Partner ist prinzipiell unerlässlich für den Dialog. Im Dialog kommt es darauf an,

> *„dass jedem von zwei Menschen der andere als dieser bestimmte Andere widerfährt, jeder von beiden des andern ebenso gewahr wird und eben daher sich zu ihm verhält, wobei er den andern nicht als sein Objekt betrachtet und behandelt, sondern als seinen Partner in einem Lebensvorgang."*
> *(Buber 1984, S. 274)*

Das Dialogische meint die „Hinwendung" des Menschen zum Menschen. Die wahrhafte Hinwendung schließt die wechselseitige „Akzeptation", „Bejahung" und „Bestätigung" mit ein (vgl. Buber 1978, S. 36 f; Buber 1984, S. 292 f). Die Bestätigung innerhalb des diagnostischen Prozesses beinhaltet im Sinne von Buber, „die andere Person in ihrer dynamischen Existenz, in ihrer spezifischen Möglichkeit" (Buber 1965, S. 185) zu verstehen.

Innerhalb des diagnostischen Geschehens ist die menschliche Wirklichkeit als etwas zu denken, dass sich zwischen Mensch und Mensch, zwischen Ich und Du ereignet. Das „Fundament des Mensch-mit-Menschseins" ist

> *„der Wunsch jedes Menschen, als das was er ist, ja was er werden kann, von Menschen bestätigt zu werden, und die dem Menschen eingeborene Fähigkeit, seine Mitmenschen eben so zu bestätigen."*
> *(Buber 1978, S. 28)*

Das Moment der wechselseitigen Bestätigung kennzeichnet den Prozess der Diagnostik und stellt gleichsam das „unentbehrliche Minimum der Humanität" (Buber 1965, 85) dar, vor dessen Hintergrund sich sowohl die Diagnostik als auch das pädagogisch-therapeutische Geschehen ereignet, d. h. „man darf eine Gesellschaft in dem Maße eine menschliche nennen, als ihre Mitglieder einander bestätigen" (Buber 1978, S. 26).

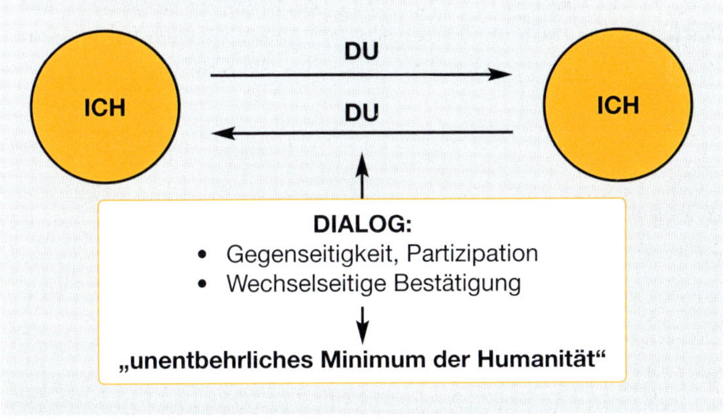

Das Dialogische (in Anlehnung an Feuser 2000, S. 153)

Ein Mensch existiert so gesehen nur in seinem Verhältnis zum Menschen und zur Wirklichkeit. Innerhalb dieser Verhältnisse vollzieht sich sein Werden, d. h. seine Entwicklung. Der Verlauf dieser Entwicklung hängt im Wesentlichen davon ab, ob sie ihm in seiner Wirklichkeit ermöglicht wird. Insofern ist nicht entscheidend, was ein Mensch kann oder nicht kann, sondern ob er in seinem Verhältnis zur Welt und zum Menschen Möglichkeiten und Bedingungen findet, die ihm die Entwicklung seiner Fähigkeiten grundsätzlich zugestehen.

Die Beeinträchtigung eines Menschen stellt in diesem Verständnis eine Bedingung dar, d. h. sie stellt die individuellen Ausgangsbedingungen seiner Entwicklung dar. Auch die schwersten Beeinträchtigungen eines Menschen sind Bedingungen, unter denen er seine Austauschprozesse zur Welt und zum Menschen verwirklichen und sich in Abhängigkeit von seinen Randbedingungen entwickeln kann.

Die neurophysiologischen* bzw. biologisch-organischen Beeinträchtigungen kennzeichnen also zunächst nicht mehr und nicht weniger als die individuelle und spezifische Art und Weise, wie sich ein Mensch die Welt erschließt. Sie spiegeln Möglichkeiten des menschlichen Seins wider. Diese individuellen Ausgangsbedingungen der Entwicklung eines Menschen eröffnen die Prozesse seiner Entwicklung, wenn ihm dafür die für ihn entsprechenden Bedingungen und Voraussetzungen in seinem Verhältnis zur Welt und zum Menschen eingeräumt werden.

Das bedeutet:

> *„Das Individuum wird für sich zu dem, was es an sich ist, nur durch das, was es für andere ist. Genau dies stellt den Prozeß der Persönlichkeitswerdung dar."*
> *(Wygotski 1992, S. 235)*

Galperin ergänzt diesen Zusammenhang in der Aussage:

> *„Der Mensch ist nicht auf die individuelle Erfahrung beschränkt. Er eignet sich die gesellschaftliche Erfahrung jener sozialen Gruppe an, in der er erzogen wird und in der er lebt und nutzt sie."*
> *(Galperin 1980, S. 172)*

Vor diesem Hintergrund kann der Begriff „Behinderung" als das Ergebnis der sozialen Beantwortung einer Beeinträchtigung eines Menschen präzisiert werden. Um eine genauere Bestimmung leisten zu können, wird zuvor auf die Ebenen eingegangen, die die menschliche Existenz absichern und seine Ganzheitlichkeit charakterisieren.

3.3 Der Mensch als Einheit von Biologischem*, Psychischem* und Sozialem*

> *„Der Mensch ist grundsätzlich nur denkbar als eine Einheit aus Biologischem, Psychischem und Sozialem."*
> *(Feuser 1995, S. 89)*

Die biologische, die psychische und die soziale Ebene sind die Bereiche, die die menschliche Existenz absichern und die Ganzheitlichkeit eines Menschen ausmachen (vgl. Leontjew 1982). Unter Ganzheitlichkeit eines Menschen wird also die Einheit der biologischen, psychischen und sozialen Ebene verstanden. Diese Bestimmung ist als Erklärungshintergrund für die heilpädagogische Diagnostik von zentraler Bedeutung.

Um die Prozesse der Behinderung eines Menschen zu erkennen, zu erklären und zu verstehen, bezieht sich die Diagnostik in der Heilpädagogik und Heilerziehungspflege auf diese Ebene. Das Zustandekommen ebenso wie die Überwindung der die Entwicklung eines Menschen behindernden Wirkfaktoren erfolgt vor diesem Hintergrund.

Die biologische Ebene stellt den Bereich dar, in dem der Mensch als körperliches, natürliches Wesen erscheint. Die psychologische Ebene bringt zum Ausdruck, dass der Mensch als Subjekt psychisch regulierter Tätigkeit auftritt, d. h. beispielsweise wahrnimmt, empfindet, denkt und handelt. Die soziale Ebene ist als die Ebene zu begreifen, auf der ein Mensch in Beziehung tritt zu seiner sozialen Wirklichkeit, d. h. mit anderen kommuniziert, interagiert und kooperiert.

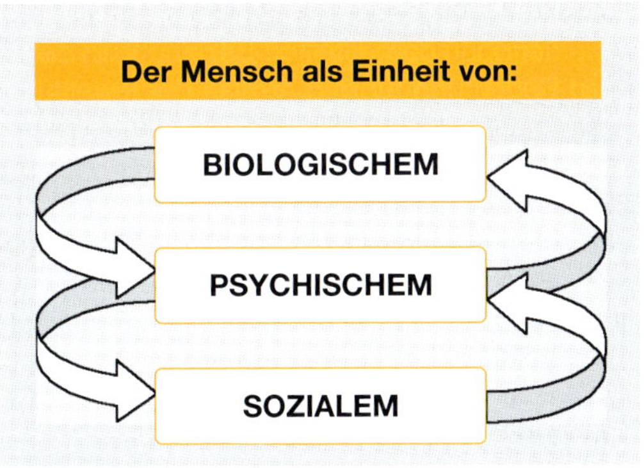

Der Mensch in seiner Ganzheitlichkeit

Jede Ebene hat ihre eigene Entwicklungsgesetzmäßigkeit, die aber stets unter Berücksichtigung der jeweils anderen Ebenen betrachtet und nie aus dem Gesamten abgespaltet werden kann. Diese drei Ebenen stehen nicht einfach über- oder nebeneinander und befinden sich nicht bloß in einfacher Wechselwirkung zueinander. Vielmehr wird mit der Abfolge der biologischen, psychischen und sozialen Ebene ein Rangverhältnis zum Ausdruck gebracht.

Das allgemeine Prinzip, dem die Beziehungen zwischen den Ebenen folgen besteht darin,

> *„dass die jeweils höhere Ebene stets die führende bleibt, sie sich aber nur mit Hilfe der tieferliegenden Ebenen realisieren kann und darin von ihnen abhängt."*
> *(Leontjew 1982, S. 221)*

Die je höhere Ebene hängt also in ihrer Existenz von den niederen Ebenen ab, aber die je höhere Ebene bestimmt (determiniert) die niedere Ebene.

Konkret: Die körperliche, biologische Ebene ist die Voraussetzung für den Aufbau der psychischen Ebene. Erste kann sich aber nur aufgrund der sozialen Ebene herausbilden. Die psychische Ebene hängt also von der biologischen ab und die soziale Ebene von der psychischen. Die individuelle Ausgangsbedingungen eines Menschen können sich beispielsweise bei einem Menschen mit zerebralen Bewegungsbeeinträchtigungen so darstellen, dass er in einem eingeschränkten Maße willkürliche motorische Bewegungshandlungen auszuführen vermag.

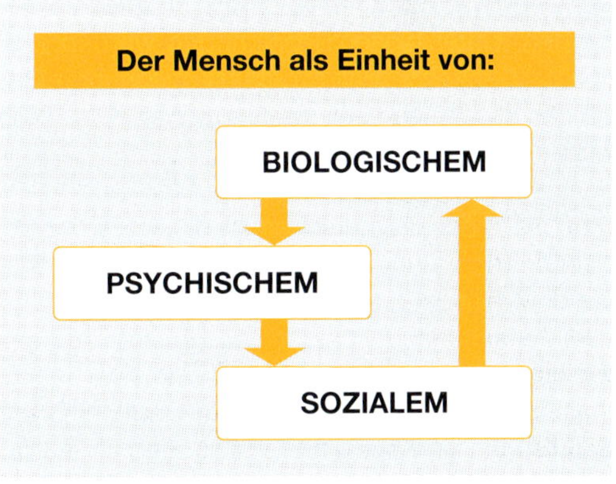

Wechselwirkungen zwischen Biologischem, Psychischem und Sozialem

Die biologische Ebene verkörpert die individuellen Ausgangsbedingungen der Entwicklung eines Menschen, die in Wechselbeziehung mit der sozialen Ebene, die seine Randbedingungen repräsentiert, die Herausbildung des Psychischen bestimmt. Der Prozess der Behinderung eines Menschen ist insofern auf der jeweils relevanten Ebene zu erkennen und zu erklären. Das bedeutet, der Behinderungsprozess eines Menschen ist zu bestimmen im Sinne der oben dargestellten Beziehungen der Ebenen untereinander, und zwar hinsichtlich deren Bedeutung für den Aufbau der jeweils höheren wie der Regulierung der jeweils niederen Ebenen eines Menschen.

In dieser Wechselbeziehung zwischen den individuellen Ausgangsbedingungen (biologische und psychische Ebenen) mit den Randbedingungen (soziale Ebene) nimmt die soziale Ebene eine führende Position ein. Entsprechend ist im Prozess der Diagnostik auf die Ausgangs- und auf die Randbedingungen Bezug zu nehmen (s. auch S. 45 f.)

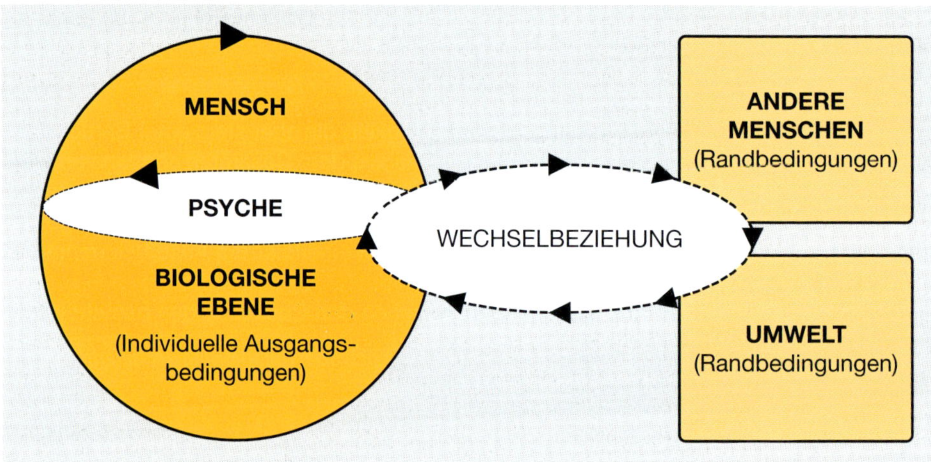

Individuelle Ausgangs- und Randbedingungen der Entwicklung eines Menschen

Das Psychische eines Menschen ist im weitesten Sinne als seine innere Welt zu verstehen. Der Begriff „psychisch“ kommt vom griechischen „Psyche“ und kann als „Seele“ übersetzt werden. Unter dieser Bezeichnung werden z. B. „Wahrnehmung*“, „Gedächtnis“*, „Emotion“*, „Denken“, „Wille“ gefasst, die in ihrer Gesamtheit das ausdrücken, was als Psyche, als das Psychische, als die innere Welt eines Menschen, als sein Seelenleben charakterisiert wird.

Die Quelle des Psychischen ist die Außenwelt des Menschen, mit der er über Wechselbeziehungen verbunden ist. Es ist die Welt der Erscheinungen, Ereignisse und Gegenstände, die die Menschen im Laufe der Zeit geschaffen haben. In den Kulturen, die sich im Verlauf der Menschheitsgeschichte ausgebildet haben, liegen die Wurzeln der psychischen Entwicklung eines jeden Menschen und zwar von den ersten Schritten seines Lebens an. Das Psychische entwickelt sich insofern auf der Grundlage der biologischen Ebene aufgrund der praktischen und sozialen Erfahrungen eines Menschen im Ergebnis seiner Wechselbeziehungen mit anderen Menschen und den Dingen seiner Umwelt.

Für die Diagnostik in der Heilpädagogik und der Heilerziehungspflege bedeuten diese Überlegungen, dass sie einer Theorie der Entwicklung des Menschen bedarf, die zum einen die biologische, psychische und soziale Ebene eines Menschen berücksichtigt und zum anderen sowohl die individuellen Ausgangsbedingungen als auch die Randbedingungen der Entwicklung eines Menschen einbezieht (siehe Kapitel 4).

3.4 Der Prozess der Behinderung eines Menschen

Heilpädagogische Diagnostik richtet den Blick auf einen Menschen in seiner Ganzheitlichkeit. Die Einheit der biologischen, sozialen und psychischen Ebene ist Gegenstand des diagnostischen Prozesses. Diese Ebenen bilden den Hintergrund, vor dem im diagnostischen Verlauf gezielt und systematisch der Prozess der Behinderung einer Person entschlüsselt wird.

Liegt beispielsweise bei einem Kind auf der biologischen Ebene eine Beeinträchtigung im Sinne einer Trisomie 21 (Down Syndrom) vor, d. h. bei dem Kind ist von einer verlangsamten Informationsaufnahme, -verarbeitung und -speicherung auszugehen und wird dieses Kind in der Folge in der wechselseitigen Beziehung seiner Umwelt und seiner sozialen Wirklichkeit mit Anforderungen und Aufgabenstellungen konfrontiert, die das Kind nicht bewältigen kann, so wird sich diese Erfahrung auf die psychische Ebene des Kindes auswirken. Seine Behinderung und ggf. auch seine psychischen Probleme sind das Ergebnis eines spezifisches Wechselwirkungsprozesses zwischen der biologischen, der psychischen und der sozialen Ebene. Damit ist der Kern der Entstehung seiner Behinderung bzw. seiner psychischen Auffälligkeiten in einfachster Form beschrieben.

Die Behinderung eines Menschen ist in diesem Verständnis kein unveränderbarer, genetisch, hirnorganisch oder sonst wie biologisch vorgegebener „Defekt" im Sinne einer individuellen Eigenschaft einer Person, sondern das Resultat der Entwicklung eines Menschen in seinem Verhältnis zur Welt und zum Menschen. Sie ist das Resultat eines spezifischen Interaktionsprozesses zwischen der biologischen, sozialen und psychischen Ebene eines Menschen. Mit anderen Worten: Die genetisch, hirnorganisch oder in anderer Weise biologisch gegebene Beeinträchtigung einer Person stellt eine veränderte Ausgangsbedingung des Menschsein dar, die aber nicht zwangsläufig zur Behinderung dieser Person führen muss. Die verschiedenen auf der biologischen Ebene vorliegenden Beeinträchtigungen beschreiben unterschiedliche Formen der menschlichen Lebensmöglichkeiten.

Die Entwicklung eines beeinträchtigten Menschen vollzieht sich unter „erschwerten Bedingungen", d. h. unter den Randbedingungen einer problematischen sozialen Entwicklungssituation. Heilpädagogik hat es daher

> *„nicht nur und lediglich indirekt mit Behinderungen zu tun, sondern mit einem Beziehungsgeflecht, welches sich um eine Behinderung herum aufzubauen pflegt. Für die Heilpädagogik ist eine Behinderung in erster Linie ein Beziehungsproblem."*
> *(Kobi 1994, S. 9)*

Es ist der soziale Umgang mit der Verschiedenheit innerhalb der Randbedingungen im Leben eines beeinträchtigten Menschen, der ursächlich für den Prozess seiner Behinderung verantwortlich zu machen ist. Behinderung ist so gesehen die soziale Beantwortung einer Beeinträchtigung eines Menschen unter besonderer Berücksichtigung der ihm gewährten sozialen Entwicklungsbedingungen. Somit ist zu unterscheiden zwischen der Beeinträchtigung eines Menschen und seiner Behinderung als sozialer Kategorie* (vgl. Feuser 1997, S. 60).

Der soziale Prozess der Behinderung erklärt sich aus dem Verhältnis des Einzelnen zur Welt und zum Menschen, indem z. B. ein Mensch mit Beeinträchtigungen (biologische Ebene) durch andere und durch sein Verhältnis zur Welt in der Entfaltung seiner Tätigkeiten und Handlungen (soziale Ebene) eingeschränkt, d. h. behindert wird, vor deren Hintergrund sich dann seine psychische Entwicklung vollzieht.

Entsprechend werden in der Diagnostik die bei einem Menschen aus seinem Verhältnis zur Welt und zum Menschen resultierenden sichtbaren physischen, psychischen und sozialen Folgen seiner Beeinträchtigung als das Ergebnis der spezifischen Interaktion* zwischen der biologischen, sozialen und psychischen Ebene verstanden.

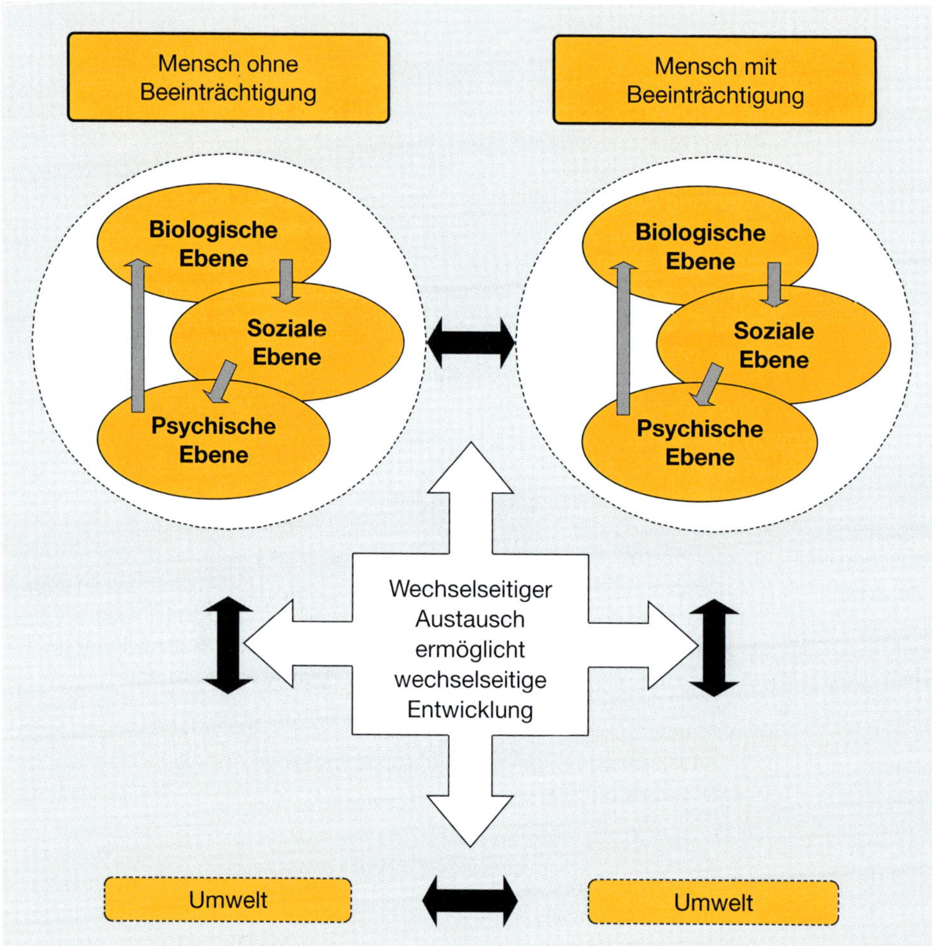

Nicht behindernde Entwicklung

Die Behinderung eines Menschen ist also nicht der Ausgangspunkt, sondern das Ergebnis seiner Entwicklung innerhalb seiner Verhältnisse zur Umwelt und zur sozialen Wirklichkeit. Heilpädagogische Diagnostik richtet damit ihren Blick auf die soziale Entwicklungssituation des beeinträchtigten Menschen, d. h. sie sieht den beeinträchtigten Menschen stets in seinen Wechselwirkungsprozessen zur Welt und zum Menschen, vor deren Hintergrund er sich erlebt und erkennt, d. h. seine psychische Entwicklung vollzieht. Gleich, ob es sich um einen Menschen mit Trisomie 21 handelt, einen Mensch mit einer Zerebralparese* oder einen Menschen, dessen Entwicklung durch soziale Deprivation* schwer beeinträchtigt wurde und der als „verhaltensauffällig" gilt, stets wird auf die soziale Ebene zu verweisen sein, auf die die heilpädagogische Diagnostik und Pädagogik bezogen sein müssen.

Liegen beispielsweise auf der biologischen Ebene Beeinträchtigungen in Form von Blindheit oder Gehörlosigkeit vor oder lebt ein Mensch unter schwierigen psychosozialen Bedingungen, wie z. B. Verwahrlosung, so können sich diese Beeinträchtigungen insofern auf die soziale Ebene auswirken, als dass unter Umständen Dialog, Kommunikation* und Interaktionen nur in einem eingeschränkten Maße zu realisieren sind.

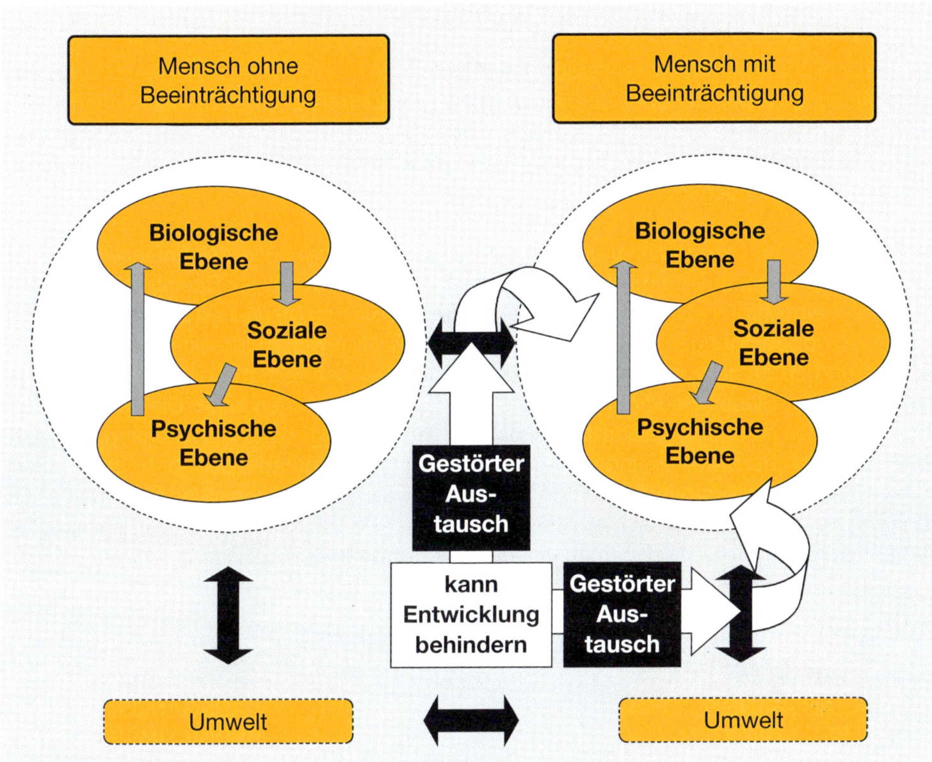

Behindernde Entwicklung

Der gestörte Austausch erklärt sich aus der durch die organische Beeinträchtigung bzw. durch die problematische psychosoziale Situation unter Umständen hervorgerufene radikale Veränderung der sozialen Entwicklungssituation des Menschen. Die wiederum kann zur Folge haben, dass die gestörten Austauschverhältnisse psychisch widergespiegelt werden und im Ergebnis auf der psychischen Ebene längerfristig zur „Symptombildung"* führen. Auf der Erscheinungsebene äußern sich diese Prozesse dann möglicherweise als kategorisierbare Behinderung oder psychische Auffälligkeit. Insofern wirkt das Biologische, z. B. die hirnorganische Beeinträchtigung eines Menschen, auf das Soziale und beeinflusst in der Folge die Entwicklung und Entfaltung der psychischen Strukturen.

Kinder, die aufgrund einer hirnorganischen Beeinträchtigung als behindert oder psychisch auffällig bezeichnet werden, erleben möglicherweise Bedingungen, die für andere Kinder angemessen sind, als bedrohlich, weil es ihnen im Rahmen ihrer bisherigen Entwicklungssituationen nicht möglich war, sich ein Repertoire* zu erarbeiten, um regulierend und korrigierend auf eben diese Bedingungen Einfluss zu nehmen. Wird beispielsweise den spezifischen Ausgangsbedingungen eines Kindes mit Trisomie 21, d. h. der verlangsamten Informationsaufnahme, -verarbeitung und -speicherung nicht in einer ihm angemessenen Art und Weise in seiner sozialen Wirklichkeit begegnet, erfolgt die Entwicklung der Persönlichkeit dieses Kindes unter erschwerten Bedingungen. Vermutlich wird sich dieses Kind nur in einem reduzierten Maße ein Handlungsrepertoire erschließen, so dass es sich in der Folge in der Auseinandersetzung mit seiner Wirklichkeit nur eingeschränkt erfolgreich handelnd erlebt.

Die menschliche Existenz ist kein statischer Zustand, sondern ein fortgesetzter dynamischer Entwicklungsprozess, der über den wechselseitigen Austausch eines Menschen mit seiner Umwelt und anderen Menschen realisiert wird. Zentraler Ansatzpunkt der heilpädagogischen Diagnostik ist daher die Frage nach den Ausgangs- und Randbedingungen der Entwicklung eines Menschen.

Heilpädagogische Diagnostik analysiert die Ausgangsbedingungen der Entwicklung eines Menschen, d. h. seine Lebenssituation unter den Bedingungen einer Beeinträchtigung wie z. B. einer halbseitigen Lähmung, im Verhältnis zu den diesem Menschen zur Verfügung stehenden Randbedingungen. Sie analysiert, wie diesem Menschen in seinem Verhältnis zur Umwelt und zu seinem sozialen Umfeld Möglichkeiten der Teilhabe gewährt werden, so dass sich unter diesen Bedingungen seine Entwicklung vollziehen kann. Die Teilhabemöglichkeiten eines halbseitig gelähmten Menschen sind durch gezielte z. B. krankengymnastische Therapien herzustellen, indem mit Unterstützung der Therapie dem betroffenen Menschen Erfahrungen ermöglicht werden. Teilhabe bedeutet in diesem Sinne einerseits, die Fähigkeit des beeinträchtigten Menschen zu fördern, sich selbst seiner Umwelt anzupassen und andererseits, die Umwelt seinen eigenen Bedürfnissen anzupassen.

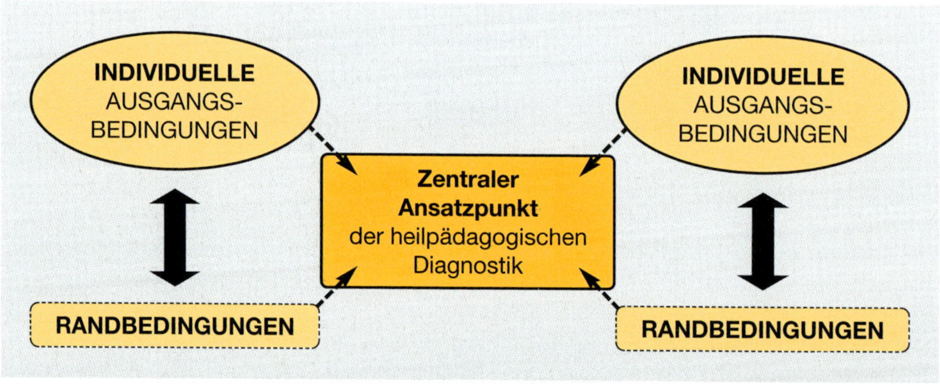

Individuelle Ausgangs- und Randbedingungen (in Anlehnung an Feuser 2000, S. 153)

Im Prozess der Diagnostik ist also zu unterscheiden zwischen der Beeinträchtigung eines Menschen und seiner Behinderung im sozialen Zusammenhang. In der heilpädagogischen Diagnostik wird demgemäß das, was im Austausch eines Menschen zu seiner Wirklichkeit als Folge seiner Beeinträchtigung entsteht und sich sichtbar äußert, als das Ergebnis seiner Entwicklung unter den für ihn gegebenen Bedingungen bestimmt (vgl. Feuser 1997, S. 60) und mit dem Begriff „Isolation“* (Jantzen 1987, Kapitel 6) beschrieben. Im weitesten Sinne beschreiben die Bedingungen der „Isolation“ im Kern die Prozesse der Nichtteilhabe, des Ausschlusses.

Behinderung als „Isolation“ ist in diesem Verständnis nicht der Ausgangspunkt der Entwicklung eines Menschen, sondern das Ergebnis seiner Entwicklung unter den ihm gewährten sozialen Entwicklungsbedingungen.

Wer im diagnostischen Geschehen also über das von außen beobachtbare „Verhalten“ des Einzelnen eine Aussage formuliert, hat zugleich die „Verhältnisse“ mit zu berücksichtigen, unter denen sich in der Wechselwirkung zwischen dem Einzelnen und seiner sozialen und gegenständlichen Wirklichkeit diese Form des Verhaltens herausbilden konnte.

Zusammenfassung

Keine Tätigkeit oder Handlung in der Heilerziehungspflege und Heilpädagogik erfolgt voraussetzungsfrei. Sie ereignet sich stets vor dem Hintergrund einer grundsätzlichen Vorstellung vom Menschen. Entsprechend basiert der diagnostische Prozess auf einem Menschenbild, das als Orientierungsgrundlage die diagnostischen und pädagogischen Begegnungen lenkt, leitet und führt. Das Menschenbild entscheidet, wie der Andere wahrgenommen und wie mit ihm in der konkreten Begegnung letztlich umgegangen wird. Daher ist die Klärung des Menschenbildes in der heilpädagogischen Diagnostik von fundamentaler Bedeutung.

Die Möglichkeiten der Entwicklung eines Menschen, der als behindert bezeichnet wird, können nur unter der Voraussetzung erkannt werden, dass prinzipiell von der Entwicklungs- und Bildungsfähigkeit eines jeden Menschen ausgegangen wird.

Zentrale Gegenstände der heilpädagogischen Diagnostik sind die spezifischen Ausgangs- und Randbedingungen der Entwicklung eines Menschen, d. h. die wechselseitigen Austauschverhältnisse eines Menschen zur Welt und zu seiner sozialen Wirklichkeit. Alle Prozesse der menschlichen Entwicklung sind das Ergebnis des wechselseitigen Austausches, der wiederum bestimmten Bedingungen unterliegt. Die Entwicklung eines Menschen ist insofern abhängig von seinen Ausgangsbedingungen im Verhältnis zu den Randbedingungen, unter denen sie stattfindet.

Dies trifft uneingeschränkt auch auf Menschen mit schwersten Beeinträchtigungen zu. Die Entwicklung dieser Menschen hängt davon ab, inwieweit ihnen eine Teilhabe am sozialen und gesellschaftlichen Leben gewährt wird.

Die Einheit von Biologischem, Psychischem und Sozialem ist grundlegend für die heilpädagogische Diagnostik. Aus dem spezifischen Zusammenspiel zwischen den die Existenz des Menschen absichernden Ebenen erklärt sich der Prozess der Behinderung einer Person als soziale Kategorie. Insofern wird das, was in dem wechselseitigen Verhältnis eines Menschen zu seiner Umwelt und seiner sozialen Wirklichkeit als Folge seiner Beeinträchtigung (physisch, psychisch, sozial) in Erscheinung tritt als das Ergebnis seiner Entwicklung unter den für ihn gegebenen Bedingungen betrachtet.

Die heilpädagogische Diagnostik beschreitet den Weg vom Erkennen zum Erklären zum Verstehen zum pädagogischen Handeln, indem Ebene für Ebene im Prozess der Erarbeitung von Erklärungswissen über eine Person analysiert wird, um mittels des verstehenden Zugangs die pädagogische Begegnung inhaltlich gestalten und strukturieren zu können.

Aufgaben

1. Warum ist der Prozess der Diagnostik in der Heilerzeihungspflege und Heilpädagogik nicht voraussetzungsfrei?
2. Welche Bedeutung und Auswirkung hat das Menschenbild für die heilpädagogische Diagnostik?
3. Welche Bedeutung haben die Ausgangs- und Randbedingungen in der heilpädagogischem Diagnostik?
4. Erklären Sie den Begriff der Ganzheitlichkeit.
5. Welche Bedeutung hat in der heilpädagogischen Diagnostik der wechselseitige Austausch des Menschen mit der Welt und mit seiner sozialen Wirklichkeit?
6. Erklären Sie den Prozess der Behinderung eines Menschen vor dem Hintergrund der biologischen, sozialen und psychischen Ebene.
7. Erläutern Sie den Unterschied zwischen Beeinträchtigung und Behinderung.
8. Erklären Sie die Aussage, dass Behinderung das Resultat und nicht der Ausgangspunkt der Entwicklung eines Menschen ist.

Vertiefung und Anwendung des Erlernten

Bilden Sie Gruppen und diskutieren Sie folgende Fragestellungen:

- *Reflektieren Sie inwieweit sich Ihr Menschenbild in Ihrem pädagogischen Handeln widerspiegelt.*
- *Überprüfen Sie Ihr pädagogisches Handeln dahingehend, inwieweit Sie im Prozess der Diagnostik die wechselseitigen Austauschverhältnisse des Einzelnen zur Welt und zu anderen Menschen zum Gegenstand machen.*
- *Klären Sie inwieweit die Analyse der wechselseitigen Austauschverhältnisse Ihr zukünftiges pädagogisches Handeln beeinflussen könnte.*
- *Überprüfen Sie Ihr heilpädagogisches Handeln dahingehend, inwieweit Sie in Ihrer heilpädagogischen Praxis sowohl die biologische als auch die psychische und soziale Ebene in den diagnostischen Prozess einbeziehen.*
- *Reflektieren Sie inwieweit Sie vor dem Hintergrund der biologischen, psychischen und sozialen Ebene verstehende Zugänge erarbeiten, um einem Menschen pädagogisch begegnen zu können.*
- *Fragen Sie sich inwieweit Sie die Ausgangs- und Randbedingungen eines Menschen in Ihr diagnostisches Handeln einbeziehen.*

Diskutieren Sie die Ergebnisse Ihrer Erörterungen mit den anderen Gruppen.

4 Der „Wissensspeicher" als Voraussetzung diagnostischen Handelns

„Es gibt einen kreisförmigen Zusammenhang zwischen Erkennen und Machen. Wenn man im Machen nicht das anwendet, was man erkannt hat, kann man schließlich auch nicht mehr das Erkennen, was zu machen ist".
(Richter 1978, S. 23)

- Worin besteht die Bedeutsamkeit des Erklärungswissens für die heilpädagogische Diagnostik?
- Was sind die Voraussetzungen für ein kompetentes diagnostisches Handeln in der Heilpädagogik und Heilerziehungspflege?
- Warum braucht die Diagnostik einen übergreifenden wissenschaftstheoretischen Hintergrund?
- Welche Kategorien sind als Denk- und Handlungswerkzeuge für die heilpädagogische Diagnostik von Bedeutung?
- Welche Funktion erfüllen die Klassifikationssysteme im diagnostischen Prozess?
- Was ist eine „normorientierte" Diagnostik?
- Was ist eine „subjektorientierte" Diagnostik?

4.1 Die Bedeutung des „Wissensspeichers“ für den Prozess der Diagnostik

Neben dem Menschenbild ist der Prozess der Diagnostik abhängig davon, welche Einsichten, Überlegungen und Theorien der Betrachtung, Analyse und Bewertung einer als behindert bezeichneten Person zugrunde liegen. Es geht also um den fachwissenschaftlichen Bezugsrahmen, der das diagnostische Handeln gestaltet, d. h. die Erkenntnisse fachwissenschaftlichen Theorie bilden die Grundlage für das diagnostische Handeln. Im diagnostischen Handeln wird das angewandt, was durch diesen Bezugsrahmen vorgegeben ist. Entsprechend stellt er einen weiteren tragenden Pfeiler dar, vor dessen Hintergrund die Prozesse des Erkennens und Erklärens entwickelt werden. Kornmann (2001) umschreibt diesen Zusammenhang mit dem Begriff des „Wissensspeichers“ (vgl. S. 171).

Der Wissensspeicher enthält bestimmte Aspekte fachlichen Wissens, die in Abhängigkeit von der diagnostischen Fragestellung abzurufen und auf ihre Bedeutsamkeit für die jeweilige Situation und Handlung der zu diagnostizierenden Person zu überprüfen sind (vgl. S. 172).

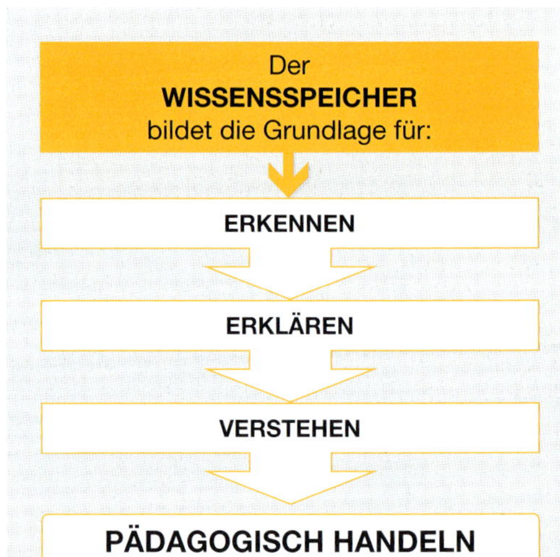

Wissensspeicher als Grundlage des diagnostischen Prozesses

Von den Inhalten des Wissensspeicher hängt ab, wie sich der Prozess der Diagnostik in der Heilerziehungspflege und Heilpädagogik gestaltet. Er bildet die Basis für das bewusste, zweckmäßige und zielstrebige diagnostische Handeln. Der Wissensspeicher bestimmt, wie die in einem diagnostischen Prozess gewonnenen Informationen über eine Person interpretiert werden und wie in der Folge mit der Person umgegangen wird.

Die Inhalte des Wissensspeichers basieren auf Theorien*, die sich in Begriffen ausdrücken. Die einzelnen Wissenschaftsdisziplinen verfügen über unterschiedliche Fachsprachen. Eine solche Fachsprache wird als „Terminologie“ und deren Fachausdrücke werden als „Termini“ bezeichnet. Die Terminologie steht in einem engen Zusammenhang mit dem Begriff der „Kategorie“. Kategorien sind die grundlegenden Begriffe einer Wissenschaft. Sie sind abhängig vom jeweiligen Erkenntnisstand der Fachwissenschaft und stellen die „Denkwerkzeuge“ dar, die im Prozess der Diagnostik zur Anwendung kommen.

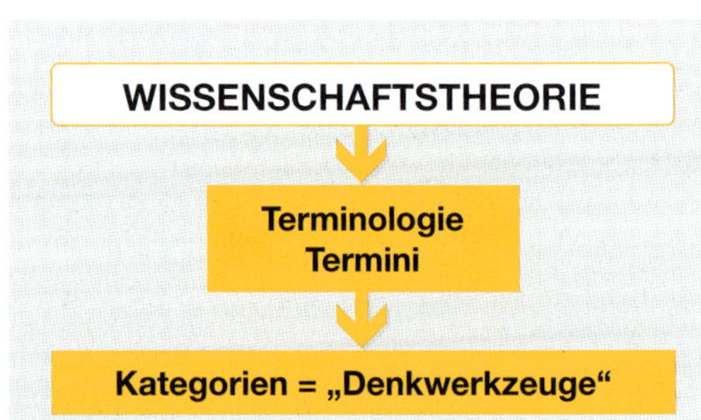

Zusammenhang zwischen Theorie, Terminologie und Kategorie

Die Kategorien sind also Werkzeuge der Erkenntnis im diagnostischen Geschehen. Mit ihrer Hilfe werden in der Diagnostik Erkenntnisse in Bezug auf die sozialen und individuellen Hintergründe (Rand- und Ausgangsbedingungen) eines Menschen und die seine Entwicklung behindernden Wirkmechanismen gewonnen.

Ferner stellt der übergreifende wissenschaftstheoretische Zusammenhang einen Bezugsrahmen her, an dem sich der diagnostische Prozess nicht nur orientiert, sondern vor dessen Hintergrund die diagnostische „Kompetenz“ entwickelt wird. Das bedeutet, der übergreifende wissenschaftstheoretische Hintergrund als Orientierungsmittel des diagnostischen Geschehens steht in einem untrennbaren Zusammenhang mit der diagnostischen Denk- und Handlungskompetenz.

Der Duden beschreibt den Begriff „Kompetenz“ nicht nur mit „Sachverstand“ und „Fähigkeit“, sondern auch mit „Zuständigkeit“. Kompetenz bezeichnet die

> *„Fähigkeit einer Person, auf der Grundlage der gesicherten Erkenntnisse und anerkannten Methoden und Regeln die sachliche Richtigkeit bzw. Angemessenheit von Aussagen und Aufträgen persönlich nachzuprüfen, zu beurteilen und in gesellschaftlicher Verantwortung in Handlungen umzusetzen, Probleme zu lösen sowie aus dem hohen eigenen Wissens- und Erkenntnisrepertoire heraus sich und – damit verbunden – das Arbeitsfeld im Sinne des lebenslangen Lernens weiterzuentwickeln.“*
> *(Frey 1999, S. 109)*

Vor dem Hintergrund dieser Definition stellt sich die Frage, welche Wissens- und Erkenntnisvoraussetzungen nötig sind, um sich Kompetenzen aneignen zu können. Diagnostische Problem- und Fragestellungen in der Heilpädagogik und Heilerziehungspflege lösen und beantworten sich nicht einfach mittels des Alltagswissens. Um über die für die diagnostischen Zwecke erforderlichen Denk- und Handlungskompetenzen zu verfügen, benötigt man einen Wissensspeicher, der wiederum auf wissenschaftstheoretischen Grundlagen beruht. Ohne einen solchen wissenschaftstheoretischen Bezugsrahmen, d. h. ohne Denkwerkzeuge im Sinne von Kategorien ist es nicht möglich, kompetent, d. h. befähigt und zuständig, im diagnostischen Geschehen zu handeln.

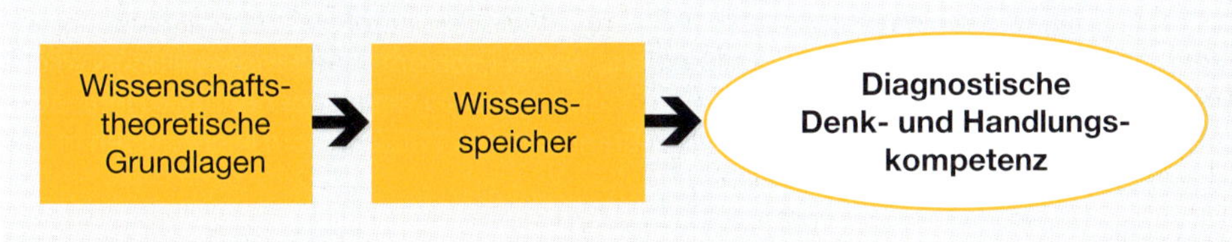

Zusammenhang zwischen Theorie, Wissensspeicher und diagnostischer Denk- und Handlungskompetenz

4.2 Erarbeitung von Erklärungswissen

Diagnostik in der Heilpädagogik und Heilerziehungspflege verfolgt das Anliegen, die zu diagnostizierende Person in ihrem Interesse in ihrer Ganzheitlichkeit zu erkennen und zu erklären, um sie zu verstehen. Dabei verlangt der diagnostische Prozess – neben Menschenbild und Wissensspeicher – die Erarbeitung von Erklärungswissen. Erklärung ist dabei als ein Mittel und Verfahren des diagnostischen Prozesses zu verstehen, das darin besteht, das Besondere eines Menschen in Bezug auf seine biologische, soziale und psychische Dimension herauszuarbeiten.

ERKLÄRUNGSWISSEN in der Diagnostik	**=**	**MITTEL UND VERFAHREN des diagnostischen Prozesses**

Erklärungen als Mittel und Verfahren im diagnostischen Prozess

Deutlich wird die Notwendigkeit von Erklärungen in der Diagnostik unter anderem in der Begegnung mit emotional und kognitiv* beeinträchtigten Menschen, die psychische Auffälligkeiten zeigen wie z. B. wiederholtes Kopfanschlagen an Gegenständen, Beißen eigener Körperteile, Kratzen, Boxen oder Bohren in Körperöffnungen usw. Diese von außen zu beobachtenden und zu beschreibenden selbst verletzenden Handlungen erscheinen ohne Erklärungswissen diagnostisch als unverständliche, widersinnige und seltsame (bizzare) Handlungen eines Menschen.

Allein über die Beschreibung ist es nicht möglich, diese gegen sich selbst gerichteten Handlungen eines Menschen im diagnostischen Prozess zu deuten und zu verstehen. Die Beschreibung gibt keine Hinweise darauf, welche Ursachen der Entstehung und der Ausformung sowie welche subjektive, persönliche Bedeutung den Selbstverletzungen eines Menschen zugrunde liegen.

Um diese Handlungen hinreichend diagnostisch erklären und verstehen zu können, ist neben der Beschreibung dieser Tätigkeiten ein theoriegeleitetes Erklärungswissen erforderlich, das vor dem Hintergrund der individuellen Ausgangsbedingungen eines Menschen in Wechselwirkung mit seinen Randbedingungen die psychischen Auffälligkeiten erklärbar und in der Folge verstehbar werden lässt.

Die Notwendigkeit des Erklärungswissens für die Diagnostik in der Heilpädagogik und Heilerziehungspflege ergibt sich insbesondere dann, wenn Problem- und Fragestellungen nicht durch direkte Beobachtung oder auf andere Weise erfasst werden können. Die Herausbildung von Erklärungswissen beginnt mit dem Erkennen des Wissens vom Nichtwissen in der diagnostischen Begegnung.

So wird im diagnostischen Geschehen unter Bezugnahme des Erklärungswissens eine Annahme über die sich selbst verletzende Person formuliert, die geeignet erscheint, die zu diagnostizierende Problem- und Fragestellung zu erklären. Innerhalb des weiteren diagnostischen Vorgehens wird diese Annahme überprüft, um sie als für die diagnostische Frage- und Problemstellung relevant (bedeutsam) oder als falsch zu bewerten. Je deutlicher sich die Annahme bezüglich der zu diagnostizierenden Person als zutreffend erweist, desto mehr nimmt sie den Charakter einer Diagnose an.

Das Erklärungswissen wird in diesem Sinne als überwiegend zuverlässige, geprüfte und bestätigte Erkenntnis verstanden. Aus diesem Grund ermöglicht das theoriegeleitete Erklärungswissen, das Aussagen über die Problematik der Selbstverletzungen bei einem als geistig behindert bezeichneten Menschen zulässt, auch Voraussagen, d. h. Prognosen. Die sich aus dem Erklärungswissen ableitende Bewertung und Beurteilung im diagnostischen Prozess beinhaltet insofern zugleich auch die Perspektiven für die zu diagnostizierende Person.

Auf der Basis des Erklärungswissens wird folglich die diagnostische Praxis entfaltet, d. h. das theoriegeleitete Erklärungswissen trägt maßgeblich dazu bei, wie die diagnostischen Begegnungen in der Heilpädagogik und Heilerziehungspflege mit den Betroffenen zu gestalten sind.

In der Konsequenz wird dieses aus der Theorie abgeleitete Erklärungswissen in der Diagnostik Ausschlag gebend dafür sein, wie die Betroffenen sich selbst und wie ihre Bezugspersonen sie sehen, d. h. wie diese Menschen zukünftig mit sich und ihrem sozialen Umfeld umgehen bzw. wie das soziale Umfeld mit ihnen umgeht.

4.3 Der fachwissenschaftstheoretische Bezugsrahmen als Voraussetzung diagnostischen Handelns

Um die sozialen und individuellen Hintergründe des Prozesses der Behinderung eines Menschen diagnostisch zu erfassen, bedarf es eines übergreifenden fachwissenschaftstheoretischen Bezugsrahmens.

Da das pädagogische Handeln das diagnostische Erkennen, Erklären und Verstehen der Dimensionen des menschlichen Seins in biologischer, sozialer und psychischer Hinsicht voraussetzt, verlangt die Diagnostik in der Heilpädagogik und der Heilerziehungspflege unter anderem eine Theorie der menschlichen Entwicklung. Um der besonderen Lebenssituation eines Menschen, der als behindert bezeichnet wird, diagnostisch gerecht zu werden, ist von einem Verständnis der Entwicklung auszugehen, in dem das Besondere als eine Möglichkeit des menschlichen Seins (neben anderen) erkannt wird.

Der diagnostische Prozess ist folglich die Vermittlung eines Allgemeinen mit einem Einzelnen, indem das Einzelne in seiner Entwicklung als das Besondere dieses Allgemeinen erkannt, erklärt und verstanden wird (vgl. Jantzen 1990, S. 171). Unter dem Allgemeinen werden die grundlegenden Auffassungen vom Menschen sowie die wissenschaftstheoretischen Zusammenhänge gefasst. Das Einzelne erscheint als das Leben eines konkreten Menschen in all seiner Vielfältigkeit.

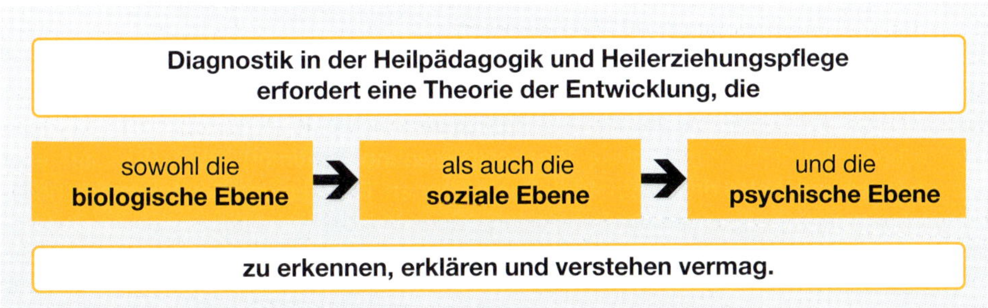

Theorie der Entwicklung als Voraussetzung diagnostischen Handelns

Um diagnostisch das Besondere der Entwicklung eines Menschen im Allgemeinen erkennen zu können, braucht es auf der Grundlage eines wissenschaftstheoretischen Bezugsrahmens entwickelte Kategorien. Im Folgenden wird auf die Kategorien „Entwicklung“ und „Tätigkeit“ eingegangen, die als Denkwerkzeuge für die Diagnostik in der Heilpädagogik und Heilerziehungspflege von großer Relevanz sind.

4.4 Die Kategorie „Entwicklung“

Unter Entwicklung ist zunächst eine Veränderung zu verstehen, die das Ergebnis der Wechselbeziehungen zwischen individuellen Ausgangsbedingungen eines Menschen und seinen Randbedingungen darstellt. Dabei handelt es sich um einen rückgekoppelten und wechselseitigen Austausch zwischen Individuum und Umwelt. Der Begriff der wechselseitigen Rückkoppelung meint die Rückwirkungen auf die Wirkung der Ursachen. Das bedeutet, die durch die äußere Wirklichkeit ausgelöste Wirkung wirkt auf das Individuum und erzeugt bei ihm eine Auseinandersetzung und Beantwortung, die auf die Ursache der Wirkung der äußeren Wirklichkeit bezogen ist und in der Folge wieder auf das Individuum zurückwirkt.

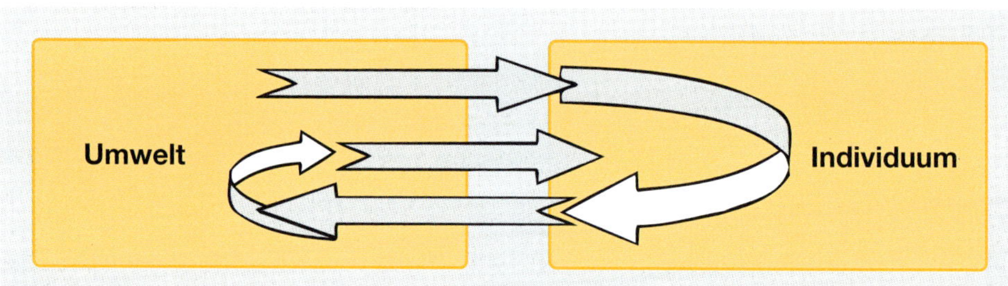

Wechselseitig rückgekoppelter Austausch zwischen Individuum und Umwelt (nach Feuser 1995, S. 105)

Wechselseitige Rückkoppelung ist die Rückwirkung einer Wirkung auf ihre eigene Ursache, d. h. in dem das „Du“ in einem Dialog meinen Dialogbeitrag beantwortet, wirkt diese Antwort auf mein „Ich“ zurück. Indem beispielsweise ein Kind von seiner primären Bezugsperson aufgefordert wird mit einem Löffel zu essen, wird es in der Folge den Löffel in seine Hand nehmen und die Nahrung zum Mund führen. Gelingt dem Kind diese Handlung und wird es sich als erfolgreich erleben, d. h. es erfolgt eine wechselseitige Rückkoppelung auf die Ursache seiner Handlung, es ereignet sich eine positive wechselseitige Rückkoppelung zwischen der primären Bezugsperson und dem Kind.

Das was ein Mensch ist, ist immer das Ergebnis seiner wechselseitigen Beziehungen zur Welt und zum Menschen. Im Verhältnis des Einzelnen zu seiner Wirklichkeit gibt es keine Entwicklung, die nicht durch diese Wechselbeziehung bestimmt wird, d. h. auf eine bestimmte Art und Weise davon abhängt. Das Erkennen, Erklären und Verstehen der individuellen Ausgangsbedingungen der Entwicklung eines Menschen ist daher stets im Zusammenhang mit seinem Verhältnis zur äußeren Welt, d. h. zu seinen Randbedingungen zu sehen.

Unter Berücksichtigung der Überlegungen zum Menschenbild im Kapitel 3, d. h. der dialogischen Seinsbestimmung des Menschen erklärt sich die Entwicklung eines Menschen nicht durch sein „Sein“, sondern durch das „Mitsein“, also durch die Begegnung zwischen Ich und Du. Damit wird nochmals die Bedeutung des Dialogs für das menschliche Sein deutlich, die nunmehr im Zusammenhang mit dem Entwicklungsprozess näher betrachtet wird.

Nach Martin Buber ist alles wirkliche Leben Begegnung, innerhalb dessen der Mensch am Du zum Ich wird (vgl. Buber 1984, S. 15 und 32). Die Entwicklung seiner Persönlichkeit ist einem Menschen, unabhängig davon ob beeinträchtigt ist oder nicht, nur in dieser Begegnung möglich, und erst in der Begegnung und durch sie der Dialog.

Im entwicklungspsychologischen* Sinne ist der Dialog mit den Arbeiten von Spitz (1976, 1987) zu sehen. Spitz geht davon aus, dass Leben im menschlichen Sinne stets sozial ist und sein muss:

> *„Leben in unserem Sinne wird durch den Dialog geschaffen.“*
> (Spitz 1976, S. 26)

Bereits auf der biologischen Ebene lässt sich die dialogische Grundfunktion des Menschen beobachten: Bei einem neugeborenen Kind löst z. B. eine Maske in Form einer Augen-Stirn-Attrappe eine Lächelreaktion aus, die als eine soziale Reaktion zu bewerten ist.

Den Dialog begreift Spitz als

> *„Beitrag der Umwelt zur Entstehung, Entwicklung und schließlich Festigung von Ich, Selbst, Charakter und Persönlichkeit.“*
> (Spitz 1976, S. 25)

Er erklärt ihn aus der frühen Beziehung des Kindes zu seiner Hauptbezugsperson, die als eine Komplementärbeziehung im Sinn einer Dyade* zu verstehen ist. In dieser Dyade bzw. Symbiose* stellt die Hauptbezugsperson zu Beginn der Individualentwicklung für das Kind den „Umweltfaktor“ dar, d. h. es besteht eine Bindung zwischen Kind und den Hauptbezugspersonen. Aus dieser Bindung heraus erschließt sich das Kind die Umwelt. Die Bindung gibt dem Kind eine emotionale Sicherheit, aus der heraus es in der Lage ist, neue Beziehungen einzugehen. Damit eröffnet sich für das Kind in seiner Entwicklung eine Erlebniswelt, die affektiv* bewertet wird und damit zur Sinnbildung beiträgt.

Entsprechend wird der Dialog von Spitz wie folgt definiert:

> *„Der Dialog ist der sequentiell ablaufende Zyklus von Aktion, Reaktion und wieder Aktion innerhalb der Mutter-Kind-Beziehung. Diese sehr spezielle Form der Interaktion schafft für das Kleinkind eine einzigartige eigene Welt, mit ihrem spezifischen affektiven Klima. Dieser Zyklus Aktion – Reaktion – Aktion ist es, der das Kleinkind befähigt, Schritt für Schritt bedeutungslose Reize in bedeutungserfüllte Signale umzuwandeln.“*
> (Spitz 1987, S. 61)

Unter Dialog ist damit nicht nur der verbale Dialog zu verstehen, sondern ein Austausch von Handlungen und Reaktionen, der zwischen Hauptbezugsperson und Kind vor sich geht,

> *„als kontinuierlicher, sich wechselseitig stimulierender Rückkoppelungsstromkreis.“*
> (Spitz 1976, S. 70)

Dialog als rückgekoppelter Austausch zwischen Individuum und Umwelt (nach Feuser 1995, S. 105)

Somit ist der Dialog das vermittelnde und organisierende Moment in der Wechselwirkung der die menschliche Existenz absichernden biologischen, sozialen und psychischen Ebene. Das bedeutet, in und durch den Dialog erfährt der Mensch auf der Basis der biologischen Voraussetzungen vermittelt über den sozialen Verkehr seine psychische Entwicklung. Damit ist der Dialog als Voraussetzung des Sozialen zu verstehen, der darauf ausgerichtet ist gemeinsame Sinninhalte herauszubilden. Über den Dialog entfalten sich Räume von Bestätigung, Sicherheit und Vertrautheit, die sich auf Seiten des Individuums durch bindungsbezogene Gefühle wie Liebe, Freundschaft usw. ausdrücken (vgl. Jantzen 1994, S. 148 f.).

Die durch den Dialog geschaffenen Räume von Bestätigung, Sicherheit und Vertrautheit werden in der Entwicklungspsychologie als Bindung bezeichnet (vgl. Grossmann/Grossmann 2003). Bindung ist in diesem Verständnis der innere Ausdruck der äußeren Verbindung der Kinder zu ihren primären Bezugspersonen. Das räumliche Ziel der Bindung ist Nähe und das Gefühlsziel ist Sicherheit (vgl. Dornes 2000, S. 44 f.). Bindung ist eine wesentliche Voraussetzung für die Entwicklung, d. h. wo der Dialog „entgleist“, geht Beziehungs- und Bindungsqualität verloren und es entsteht und überwiegt Angst. Der Verlust der Hauptbezugsperson etwa kann zu erheblichen Entwicklungsstörungen bis hin zum so genannten psychischen Hospitalismus* führen (vgl. Spitz 1987, S. 279-295).

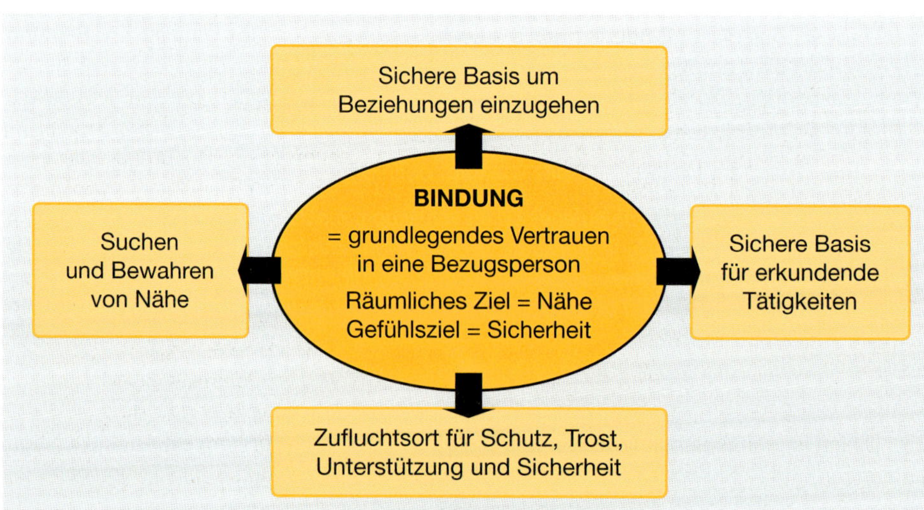

Der Zusammenhang zwischen Bindung und Entwicklung

Der Dialog ermöglicht im Verhältnis der Menschen untereinander die Bedingungen und Voraussetzungen für wechselseitige Entwicklung, indem die Umwelt verändernd auf den Einzelnen und der Einzelne verändernd auf die Umwelt einwirkt.

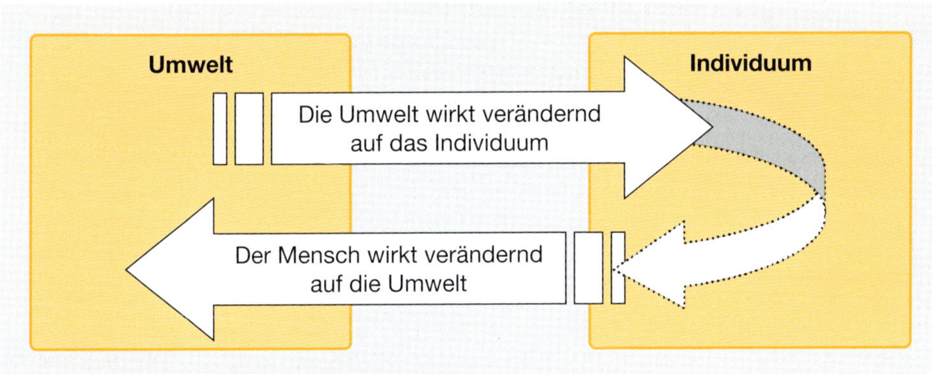

Zusammenwirken des wechselseitigen Austauschverhältnisses

Durch den wechselseitigen Austausch verändert, entwickelt sich ein Mensch, in deren Folge er verändernd auf seine Wirklichkeit einwirken kann. Diese grundlegende wechselseitigen Zusammenhänge der menschlichen Entwicklung fasst Piaget wie folgt zusammen:

> *„Indem sich das Denken den Dingen anpasst, strukturiert es sich selbst, und indem es sich selbst strukturiert, strukturiert es auch die Dinge."*
> *(Piaget 1975, S. 18)*

Der Mensch befinet sich in einem reagierenden und konstruierenden Austauschverhältnis zu seiner Wirklichkeit. Innerhalb dieser Wechselbeziehung zwischen Außenwelt und Innenwelt ist es einem Menschen möglich seine Wirklichkeit und sich selbst zu erkennen und rückwirkend auf seine soziale und gegenständliche Umwelt Einfuss zu nehmen.

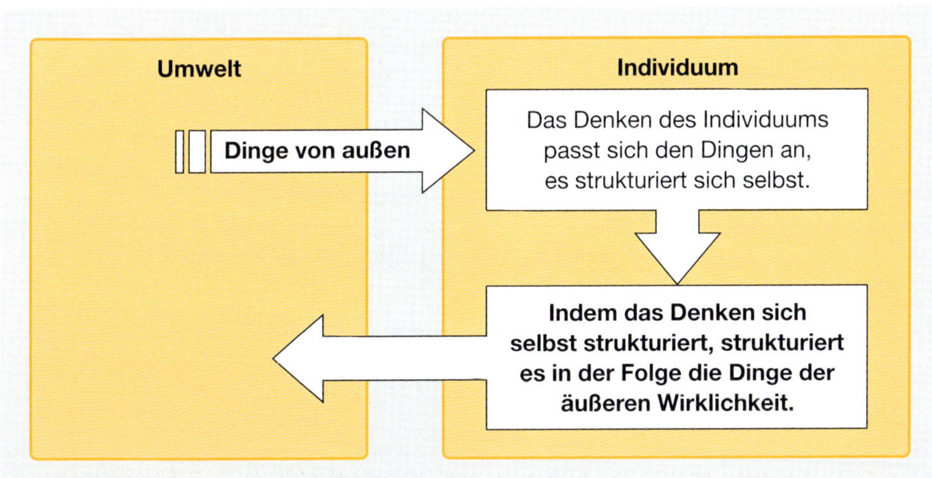

Entwicklung als Reaktion und Konstruktion

Die Entwicklung eines Menschen ist vor dem Hintergrund der skizzierten Überlegungen im Geflecht der gegebenen äußeren Situation (Randbedingungen), der individuellen Ausgangssituation eines Menschen sowie in der Dynamik der rückgekoppelten Austauschbeziehungen (Dialoge) zu bestimmen. Vor dem Hintergrund der individuellen Ausgangsbedingungen (biologische Ebene) erfolgt über den Dialog mit den Randbedingungen (soziale Ebene) die Entwicklung der Persönlichkeit (psychische Ebene) eines Menschen. Auf Grundlage der biologischen Voraussetzungen eines Menschen entstehen und entwickeln sich durch die Wechselwirkung mit seiner Wirklichkeit seine psychischen Strukturen.

Die psychischen Strukturen und deren Funktionen wie z. B. Emotion, Bedürfnis, Antrieb und Wille, Denken, Sprache und Bewusstsein entfalten sich in Wechselwirkung zur gegenständlichen und personellen Umwelt. Sie sind damit sozialer Natur. Wie etwa die Lächelreaktion des Säuglings belegt, ist der Mensch bereits auf der biologischen Ebene sozial. Das Soziale wirkt von Anfang an auf den Menschen.

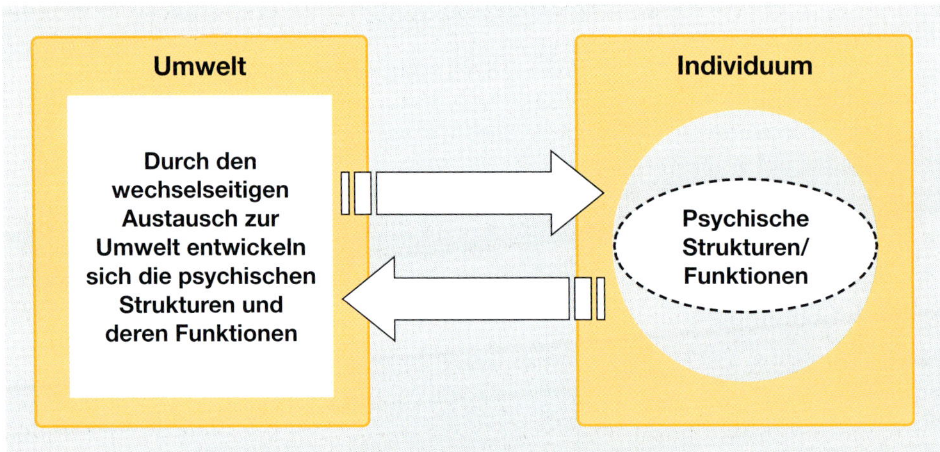

Sozialer Ursprung der psychischen Funktionen

Die psychischen Funktionen eines Menschen sind einerseits notwendige Bedingung und andererseits Ergebnis der Beziehungen eines Menschen zu seiner Wirklichkeit. Die Struktur, Funktion und Entwicklung des Psychischen wird durch die besondere Art der Wechselwirkung zwischen Individuum und Umwelt bestimmt.

Bereits in den 20iger und 30iger Jahren des vergangenen Jahrhunderts entwickelte Wygotski die Erkenntnis, dass die höheren psychischen Funktionen des Menschen grundsätzlich vermittelter, d. h. sozialer Natur sind. Die Funktionen treten in ihrer Entwicklung zweifach auf,

> *„zuerst als kollektive Verhaltensform, als interpsychische Funktion*, und dann als intrapsychische Funktion*, als bestimmte Verhaltensweise.“*
> *(Wygotski 1985, S. 328)*

Das bedeutet, jede psychische Funktion eines Menschen tritt in ihrer Entwicklung zweimal auf, zunächst als eine zwischen Menschen sich ereignende Funktion und in der Folge als eigene psychische Funktion.

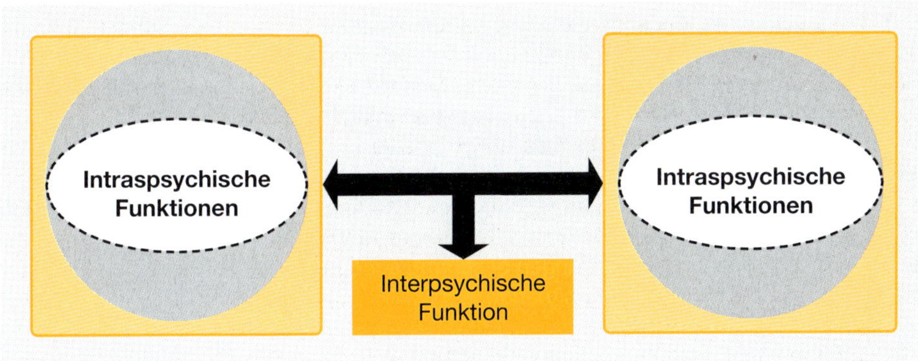

Zusammenhang zwischen intra- und interpsychische Funktionen

Die psychischen Strukturen und die auf ihnen beruhenden Funktionen eines Menschen sind das Resultat seiner Wechselwirkung mit der Wirklichkeit. Sie organisieren sich individualgeschichtlich unter dem Einfluss der wechselseitigen Beziehungen zur Welt und zum Menschen. Entsprechend üben die wechselseitigen Austauschverhältnisse einen entscheidenden Einfluss sowohl auf die Herausbildung, als auch auf die Veränderungen der psychischen Strukturen einen Menschen aus.

Dabei sind die psychischen Funktionen Ergebnis dieser Wechselwirkung zur Welt und zum Menschen, und gleichzeitig Organisatoren dieser Wechselwirkung z. B. vom einfachen Wiedererkennen bis zu hoch komplexen theoriebildenden Erkennen (Kognition*) sowie von der einfachsten Empfindung bis zum komplexen Erleben eines Menschen (Emotion). Es handelt sich in einem übertragenden Sinne um zwei Seiten einer Medaille (vgl. Feuser 1995, S. 106).

Die Existenz, Veränderung und Entwicklung eines Menschen wird insofern als ein aus der Dynamik der Wechselwirkung mit seiner personellen und dinglichen Umwelt resultierender Prozess unter der jeweils gegebenen Bedingungen verstanden. Entwicklungen und Veränderungen eines Menschen erfolgen in diesem Verständnis aber nur dann, wenn sich der so genannte Interaktionsbereich verändert (vgl. Maturana 2000, S. 30).

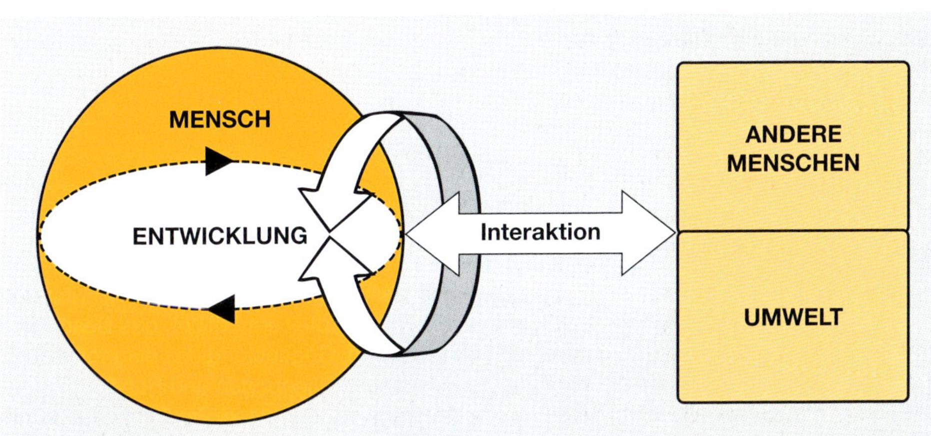

Durch Veränderung des Interaktionsbereiches verursachte Entwicklung

Die Entwicklung eines Menschen ereignet sich demzufolge nicht an sich, sondern immer in Abhängigkeit von seinen jewils gegebenen konkreten Lebensbedingungen und -verhältnissen, die den Interaktionsbereich im Sinne von Maturana kennzeichnen. Der Interaktionsbereich ist insofern als Auslöser der Entwicklung zu charakterisieren. Das bedeutet, es gibt immer Entwicklung und sie wird maßgeblich bestimmt durch die Randbedingungen der Lebensverhältnisse eines Menschen, die schließlich im Ergebnis darüber entscheiden, wie sich die Qualität des Verlaufs der Individualentwicklung (Ontogenese) eines Menschen gestaltet. Mit anderen Worten: die Ontogenese eines Menschen wird nicht nur alleine durch die individuellen Ausgangsbedingungen bestimmt, sondern im wesentlichen durch den Einfluss seiner sozialen Entwicklungssituation.

Damit hängt die Art und Weise des Verlaufes der Individualentwicklung eines Menschen davon ab, inwieweit seine individuellen Ausgangsbedingungen in seiner äußeren Wirklichkeit ihre Entsprechung finden. Wenn die Randbedingungen den Erfahrungen eines Menschen entsprechen, die er im Verlauf seines bisherigen Lebens gesammelt hat, sind damit die Voraussetzungen dafür geschaffen, dass er sich zu ihnen in Beziehung zu setzen vermag. In dem Maße, in dem es einem Menschen gelingt, das von seiner äußeren Wirklichkeit Ausgehende mit seinen bisherigen Erfahrungen zu verknüpfen und es anhand derer zu unterscheiden, ist er in der Lage, das Neue in seine bisherigen Erfahrungen zu integrieren, so dass er sich prinzipiell verändern und entwickeln kann.

Bezüglich des diagnostischen Prozesses stellt die Kategorie „Entwicklung“ ein Denkwerkzeug dar, das die Entwicklung einer behinderten Person zu erkennen und zu erklären ermöglicht. Dabei wird diese Person nicht nur an sich betrachtet, sondern stets in ihrem Verhältnis zur Welt und zum Menschen erfasst. Die individuellen Ausgangsbedingungen einer Person werden in Beziehung zu ihren Randbedingungen gesetzt, um so erkennen und auch erklären zu können, warum eine Person so ist, wie sie ist.

Erst in der Betrachtung, im Beobachten, Analysieren und Bewerten des Interaktionsbereiches dieser Person, d. h. in ihrer Art und Weise, wie sie mit ihrer Umwelt bzw. ihre Umwelt zu ihr in Beziehung tritt, erklärt sich im diagnostischen Geschehen ihre spezifische Lebenssituation. Ihre Beeinträchtigung stellt dabei eine Bedingung in diesem Geflecht dar, unter der diese Person ihre Austauschprozesse verwirklicht und sich entwickelt. Diese Zusammenhänge werden noch deutlicher in der nun folgenden Beschäftigung mit der Kategorie „Tätigkeit“, die ebenfalls als Denkwerkzeug im diagnostischen Prozess des Erkennens, Erklärens und Verstehens zur Anwendung kommen kann.

4.5 Die Kategorie „Tätigkeit“

Mit der skizzierten Kategorie „Entwicklung“ ist ein für die Diagnostik der Heilpädagogik und Heilerziehungspflege allgemeiner Zusammenhang der Wechselwirkung zwischen inneren und äußeren Bedingungen vorgestellt worden, der es prinzipiell ermöglicht, das Besondere im Allgemeinen zu erkennen, zu erklären und zu verstehen. Gegenstand des diagnostischen Prozesses sind damit sowohl die individuellen Ausgangsbedingungen und Randbedingungen eines Menschen als auch deren Wechselbeziehung. Da diese Wechselwirkung als Grundbedingung in ihrer Art und Weise den Verlauf und die Qualität der Entwicklung eines Menschen maßgeblich bestimmt, kommt ihr in der Diagnostik eine zentrale Bedeutung zu.

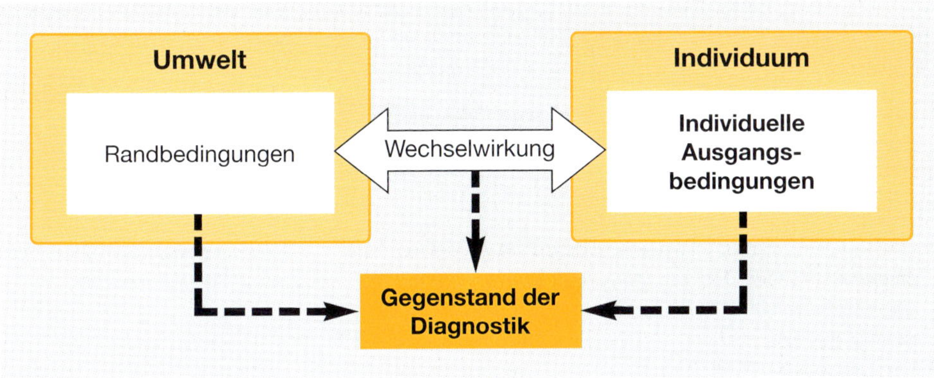

Individuelle Ausgangsbedingungen, Randbedingungen und deren Wechselwirkung als Gegenstand der Diagnostik

Die Wechselbeziehung bzw. die Wechselwirkung ist ein aktiver Prozess, der mit der Kategorie „Tätigkeit“ erfasst werden kann. Wechselwirkungen und Wechselbeziehungen sind aktive Tätigkeiten eines Individuums. Durch die Tätigkeit wird eine reale Verbindung zwischen ihm und seiner Umwelt hergestellt. In und durch die Tätigkeit verwirklicht demnach ein Menschen seine Beziehungen zur Umwelt.

In der Tätigkeit eines Menschen äußern sich stets die Beziehungen des tätigen Menschen zu den Dingen und zu den anderen Menschen. Das heißt, in der Tätigkeit erschließen sich dem Menschen die Ereignisse und Objekte der äußeren Welt durch andere Menschen und zugleich erschließt sich der Mensch den anderen Menschen über die Ereignisse und Objekte der äußeren Lebensbereiche (vgl. Feuser 2001, S. 286).

Die Tätigkeit ist die Brücke zwischen der Innenwelt eines Menschen zu seiner äußeren Wirklichkeit. Die Tätigkeit wird nicht nur vom Subjekt ausgeführt. Sie bildet ein

> *„System mit eigener Struktur, mit eigenen inneren Übergängen und Umwandlungen sowie mit eigener Entwicklung.“*
> *(Leontjew 1982, S. 83)*

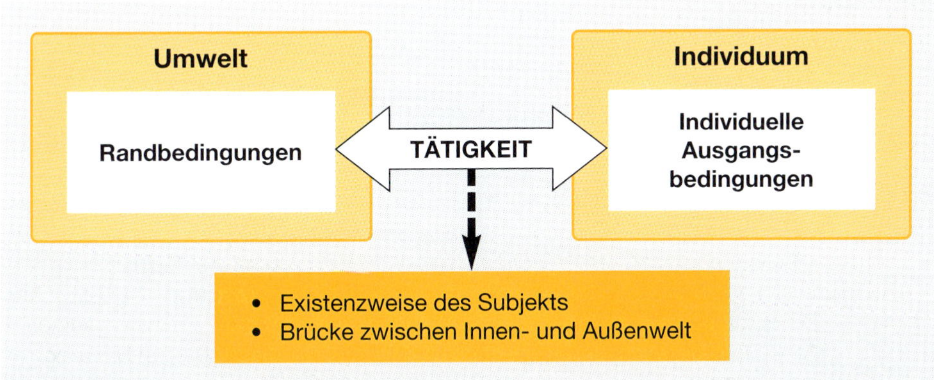

Tätigkeit als Existenzweise und als Brücke zwischen Innen und Außen

Unter welchen Umständen, Bedingungen und wie auch immer sich die Tätigkeit entäußert bzw. welche Strukturen sie auch immer annimmt, sie ist niemals losgelöst von den gesellschaftlichen und sozialen Beziehungen zu betrachten:

> *„Außerhalb dieser Beziehungen existiert keine menschliche Tätigkeit.“*
> *(Leontjew 1982, S. 84)*

Dabei versteht es sich von selbst, dass

> *„die Tätigkeit eines jeden einzelnen Menschen von seinem Platz in der Gesellschaft abhängt, von den allgemeinen Lebensbedingungen und den unwiederholbaren individuellen Umständen, unter denen sie gestaltet wird.“*
> *(Leontjew 1982, S. 84)*

Über die Tätigkeit erschließt sich ein Mensch sowohl
- die Ereignisse und Objekte (Gegenstände) der äußeren Welt
  als auch
- die Verhältnisse der Objekte und Menschen untereinander
  sowie
- sich selbst in seinem Verhältnis zu den Objekten und Menschen als „innere Abbilder“ der äußeren Welt.

In der Tätigkeit erfolgt der Übergang des Objekts in seine subjektive Form, in das Abbild (vgl. Leontjew 1982, S. 83). Das heißt, über die Tätigkeit wird die Welt „an sich“ zu einer Welt „für mich“.

Die inneren Abbilder der äußeren Welt sind keine spiegelartigen Kopien der Umwelteinwirkungen, sondern subjektive Abbilder. Das Erkennen und Erleben der äußeren Wirklichkeit eines Menschen wird maßgeblich bestimmt von seinen Erfahrungen, also von den bereits im Gedächtnis vorhandenen durch frühere Tätigkeiten entwickelten Abbildern. Dieser Prozess wird als „psychische Widerspiegelung“ bezeichnet und bildet die Grundlage der Tätigkeit jedes Individuums. Das sich in der Tätigkeit auf der Ebene des Psychischen herausbildende subjektive Abbild der äußeren Welt ermöglicht es einem Menschen sich in seiner Umwelt zu orientieren und reguliert in der Folge seine Tätigkeit.

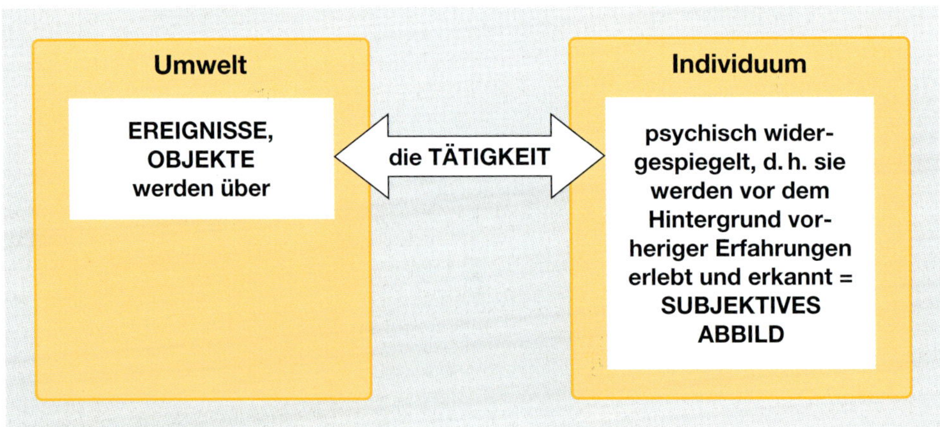

Tätigkeit und psychische Widerspiegelung

Tätigkeit ist also die Verbindung des Menschen zur äußeren Welt, die äußeren Ereignisse und Objekte in die Innenwelt eines Menschen gelangen und ihm damit verhelfen, sich in der Wirklichkeit so zu orientieren, dass er sich zu ihr in Beziehung setzen und in dieser Welt aktiv tätig sein kann. Tätigkeit hat damit einen doppelten Charakter. Einerseits ist die Tätigkeit eines Menschen äußerlich sichtbar, es lässt sich z. B. beobachten, wie ein Kind mit einem Ball spielt. Andererseits wird diese äußerlich sichtbare Tätigkeit, die als äußere (physische) Tätigkeit bezeichnet wird, psychisch widergespiegelt: Das Kind nimmt die sinnlich wahrnehmbaren Merkmale des Balls wahr, es nimmt also z. B. wahr, dass der Ball rund, hart oder weich ist, dass er rollt usw. Dieser psychische Prozess wird als innere (psychische) Tätigkeit bezeichnet.

Indem das Kind in der Tätigkeit mit diesem Ball in Beziehung tritt und andere Menschen über den Ball wiederum mit dem Kind ihrerseits tätig in Beziehung treten, gewinnt das Kind ein subjektives Abbild des Balles. Dieser Übergang von der äußeren Tätigkeit zur inneren, psychischen Tätigkeit wird als Interiorisation (Verinnerlichung) bezeichnet (vgl. Leontjew 1982, S. 95).

Die äußere Tätigkeit des Kindes mit dem Ball ist unlösbar mit der inneren verknüpft. Einerseits wird die Art und Weise wie das Kind in Kooperation* mit anderen auf den Ball einwirkt durch die innere, psychische Tätigkeit bestimmt und gesteuert. Andererseits wird die innere, psychische Tätigkeit durch die äußere gelenkt und kontrolliert.

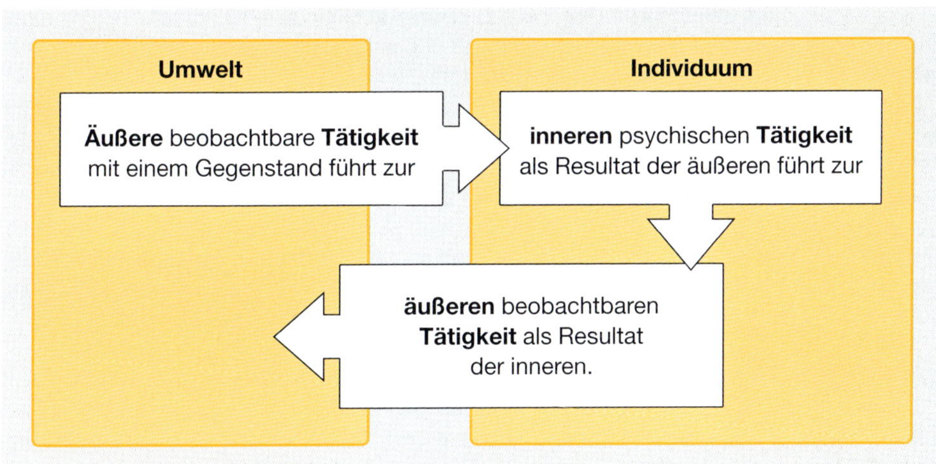

Zusammenhang zwischen äußerer und innerer Tätigkeit

Die innere, psychische Tätigkeit ist als der Ergebnis der Verinnerlichung einer äußeren Tätigkeit zu erfassen. Die Art und Weise wie z. B. das Kind den Ball als subjektives Abbild für sich erschließt, ist das Resultat seiner vorausgegangenen tätigen Auseinandersetzung mit dem Ball. Dementsprechend ist die äußerliche Tätigkeit des Kindes mit dem Ball, also die Art und Weise wie es mit dem Ball äußerlich beobachtbar umgeht, das Ergebnis seiner inneren psychischen Tätigkeit.

Deutlich wird damit die Ringstruktur der Tätigkeit, innerhalb derer die äußere Tätigkeit der inneren vorausgeht, in deren Folge die innere wiederum die Voraussetzung für die folgende äußere darstellt. Diese Abfolge setzt sich weiter fort und führt zu einer immer komplexeren psychischen Widerspieglung der äußeren Welt. Im Verlauf seiner Entwicklung kann das Individuum so immer differenziertere Abbilder herausbilden, die es ihm ermöglichen, sich nicht nur in der Wirklichkeit angemessener zu orientieren, sondern auch mit komplexeren Mitteln auf die äußere Welt Einfluss zu nehmen.

Der Gegenstand der Tätigkeit tritt in zweierlei Weise in Erscheinung: Er hat einen primären und einen sekundären Charakter (vgl. Leontjew 1982, S. 85). Zunächst zeigt sich der Ball als Gegenstand der Tätigkeit des Kindes in seiner von dem Kind unabhängigen Existenz. Dies kennzeichnet die primäre Eigenschaft des Balles als Gegenstand der Tätigkeit des Kindes, d. h. in dieser Art und Weise erscheint der Ball dem Kind in seiner Tätigkeit. Er tritt in Erscheinung als Ball, der sinnlich wahrnehmbare Merkmale, Beschaffenheiten und Eigenschaften aufweist, aber gleichzeitig über eine bestimmte Funktion und Bedeutung verfügt, die weit über die wahrnehmbaren Merkmale und Eigenschaften hinausgehen. Der Ball hat damit unabhängig vom Kind eine Bedeutung und Funktion. Folglich ist der Ball „an sich“ primärer Gegenstand der Tätigkeit des Kindes.

In und durch die Tätigkeit des Kindes mit dem Ball wird über die psychische Widerspiegelung (innere Tätigkeit) seiner Eigenschaften, die nur über die äußere Tätigkeit des Kindes verwirklicht werden kann, der Ball „an sich“ zu einen Ball „für das Kind“. Indem das Kind also alleine oder mit anderen mit dem Ball spielt, ist der Ball „an sich“ nicht mehr der primäre Gegenstand der Tätigkeit des Kindes, sondern durch die Tätigkeit erfolgt die Umwandlung des Balles zu einem sekundären Gegenstand seiner Tätigkeit: Er wird psychisch vom Kind als „für sich“ erlebt und erkannt. Damit stellt das subjektive Abbild des Kindes vom Ball auf der psychischen Ebene die praktische Verbindung der äußeren Tätigkeit mit dem Ball her.

Der Prozess der inneren Abbildung der äußeren Welt hängt maßgeblich davon ab, in welcher Beziehung die Objekte und Erscheinungen zu einem Menschen stehen. Entscheidend für die psychische Widerspiegelung ist damit die Bewertung der Bedeutungen der äußeren Wirklichkeit, d. h. der Dinge, der Personen und der Beziehungen der Dinge und Personen untereinander. Die Herausbildung der Bedeutung des Balles als inneres Abbild des Kindes hängt demzufolge davon ab, in welcher Beziehung dieser Ball zu dem Kind steht, auf Basis derer es eine Bewertung vornimmt.

Die im Gedächtnis eines Menschen gespeicherten Erfahrungen sind ausschlaggebend für die subjektive Bewertung der Bedeutsamkeit der Ereignisse und Dinge seiner äußeren Wirklichkeit. Mithin wird das Kind vor dem Hintergrund seiner bisherigen Erfahrungen die Bedeutsamkeit des Balles für sich bewerten. Es beurteilt also im Spiegel seiner bisherigen Erfahrungen, ob es den Ball für so bedeutsam erachtet, dass es diesen für sich als subjektiv sinnvollen Gegenstand erlebt und erkennt.

In der Tätigkeit erfolgt insofern die Überführung der Bedeutungen der äußeren Wirklichkeit in subjektiven Sinn.

Da der Gegenstand der Tätigkeit in doppelter Weise in Erscheinung tritt, sind gleichermaßen die Bedeutungen der Gegenstände in doppelter Weise aufzufassen. Einerseits in ihrer objektiven und andererseits in ihrer für das Individuum bedürfnisrelevanten Form. Die Aneignung der objektiven Bedeutungen kann dem Individuum nur dann gelingen, wenn die Bedeutungen eine Bedürfnisrelevanz für das Individuum beinhalten. Das heißt, den subjektiven Sinn der äußeren Bedeutungen kann ein Mensch nur dann erleben und erkennen, wenn die Bedeutungen vor dem Hintergrund seiner bisherigen Erfahrungen, die er zuvor für sich in tätiger Auseinandersetzung mit seiner Wirklichkeit unter den ihm gewährten Lebensbedingungen erschlossen hat, seinen Interessen, Wünschen bzw. Bedürfnissen entsprechen.

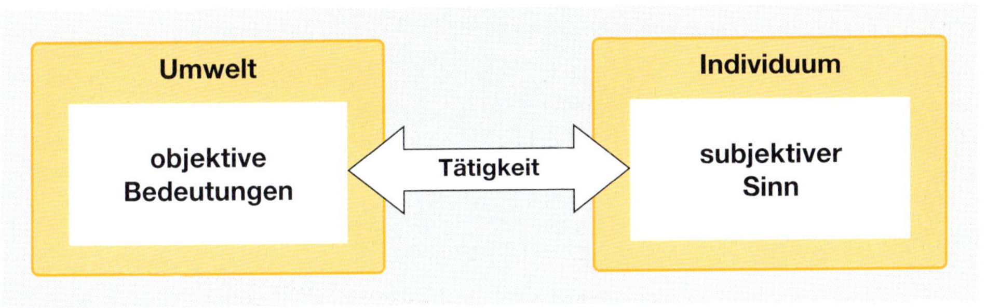

Einheit von Tätigkeit, Sinn und Bedeutung

Um also die Bedeutungen als subjektiven Sinn in der Tätigkeit zu erschließen, werden in der psychischen Widerspiegelung, d. h. in dem Prozess des Erlebens (Emotion) und des Erkennens (Kognition), die durch die konkreten Handlungen mit einem Gegenstand ausgelösten Wirkungen mit denen der bisherigen Widerspiegelungen, d. h. mit den vorherigen Erfahrungen verglichen. Das Ergebnis dieser psychischen Widerspiegelung entscheidet darüber, ob ein Mensch für sich Gründe findet, d. h. Motive entwickelt, um sich tätig mit seiner Umwelt auseinander zu setzen bzw. auf die Umwelt in entsprechender Weise zurückzuwirken.

Ob das Kind also mit dem Ball spielt oder ob es passiv bleibt, hängt insofern nicht nur von dem primären Charakter des Balles als Gegenstand der Tätigkeit ab, sondern ebenso davon, in welcher Beziehung der Ball zu dem Kind steht. Für die Tätigkeit des Kindes mit dem Ball ist entscheidend, ob der Ball – vor dem Hintergrund der vorherigen Erfahrungen – den Interessen und den Bedürfnissen des Kindes entspricht, d. h. welche subjektive Bedeutung der Ball für das Kind hat.

Die subjektive Bedeutung der Dinge sowie die auf sie bezogenen Handlungen, werden als Sinn im Unterschied zu den objektiven, gegenständlichen Bedeutungen bezeichnet. Sinn kennzeichnet damit in der Tätigkeit die bedürfnisrelevanten Eigenschaften eines Gegenstandes und die Bedeutung die objektiven (vgl. JANTZEN 1987, Kapitel 4). Der subjektive Sinn ist aber stets Sinn von etwas, d. h. er bedarf der äußeren Bedeutungen, um sich subjektiv in der Tätigkeit eines Menschen ausdrücken zu können (vgl. Leontjew 1982, S. 148 f.). Sofern das Kind vor dem Hintergrund seiner Erfahrungen keinerlei Anknüpfungspunkte findet, wird es den Ball als nicht bedeutsam für sich erleben und erkennen und keine Gründe finden, warum es sich mit dem Ball tätig auseinander setzen sollte.

Dabei ist zu berücksichtigen, dass die Beziehung eines Menschen zu den Gegenständen seiner Wirklichkeit keine unmittelbare ist, sondern durch seine Beziehungen zu anderen Menschen vermittelt wird. Indem das Kind und seine primären Bezugspersonen den Ball als gemeinsamen Gegenstand der Tätigkeit haben, d. h. sie miteinander in der Tätigkeit in den Dialog treten, miteinander kommunizieren, kooperieren und interagieren, hat diese Beziehung untereinander führenden Charakter und bestimmt auf Seiten des Kindes maßgeblich dessen subjektiven Sinnbildungsprozesse.

Gegenständliche und beziehungsmäßige Aspekte der menschlichen Tätigkeit können nicht voneinander getrennt werden. Deren psychische Widerspiegelung, d. h. die in der Tätigkeit erfolgende Überführung der objektiven Bedeutungen in subjektiven Sinn ist stets „vermittelnder“ und „vermittelter“ Art. Die Herausbildung des psychischen Abbildes in der Tätigkeit wird bestimmt

„durch das System der sozialen Beziehungen des Menschen zum Menschen, vermittelt durch vom Menschen für den Menschen erzeugte und zu erzeugende Dinge der äußeren Welt.“
(Il'enkov 1994, S. 243)

In der Tätigkeit eines Menschen erfolgt also vor dem Hintergrund seiner bisherigen Erfahrungen die Umwandlung der äußeren Ereignisse und Objekte sowie der Beziehungen der Objekte und Personen untereinander in innere, psychische subjektive Abbilder und deren erneute Umwandlung und Entäußerung bezogen auf die Verläufe der äußeren Welt.

Das innere Abbild der äußeren Welt ist in diesem Sinne als eine Verdichtung der äußeren Tätigkeit zu verstehen. Dabei gehen die durch die Tätigkeit gewonnenen Erfahrungen ein: zum einen bezogen auf die Dinge und die Verhältnisse zwischen Dingen und Menschen untereinander und zum anderen bezogen auf sich selbst. Mit anderen Worten, durch die Tätigkeit erlebt und erkennt ein Mensch zur gleichen Zeit seine Umwelt und sich selbst.

Das Abbild ist damit als „sinnhafte und systemhafte Umbildung des Psychischen“ (Jantzen 1991, S. 114) zu verstehen. Hinter allen psychischen Funktionen verbergen sich ursächlich

„gesellschaftliche Beziehungen, das heißt reale Beziehungen zwischen Menschen.“
(Wygotski 1992, S. 236)

Das subjektive psychische Abbild reguliert die Tätigkeit eines Menschen und zugleich entsteht, entfaltet und verwirklicht es sich in der Tätigkeit. Entsprechend reguliert auch die Tätigkeit das Psychische und führt zu seiner stetigen Veränderung. Die psychischen Funktionen eines Menschen sind insofern nichts Statisches, Unveränderliches oder Unbewegliches. Sie verändern sich in und durch die Tätigkeit, indem die bisherigen Strukturen durch die tätige Auseinandersetzung mit der Wirklichkeit in neue übergehen. Die Qualität der sich entwickelnden psychischen Strukturen ist folglich abhängig von der Art und Weise der Tätigkeit, die wiederum bestimmt wird von den inneren und äußeren Tätigkeitsbedingungen.

Die Überlegungen zur Kategorie „Tätigkeit“ und „Entwicklung“ verdeutlichen, dass ein Mensch sich zu jedem Zeitpunkt seiner Individualentwicklung über die wechselseitigen Austauschverhältnisse in einem reagierenden und konstruierenden Verhältnis zu seiner Umwelt befindet. Innerhalb dieser Verhältnisse erfolgt die Entwicklung seiner Persönlichkeit auf der Basis seiner Tätigkeit in Abhängigkeit von seinen individuellen Ausgangs- und Randbedingungen.

Diese entwicklungspsychologischen Zusammenhänge bilden den Hintergrund, vor dem im diagnostischen Prozess die Tätigkeitsstruktur eines Menschen zu erkennen, zu erklären und zu verstehen ist. Es geht also darum, im diagnostischen Geschehen eine Aussage darüber leisten zu können, welche Qualitäten der psychischen Widerspiegelung (des Erlebens und Erkennens), der Abbildstruktur, sich ein Mensch in der Tätigkeit erschlossen hat, um sein aktuelles Entwicklungsniveau bestimmen und vorhersagen zu können, auf welches nächsthöhere Niveau seine Entwicklung zusteuert.

4.6 Klassifikationen und Diagnose

Die Kategorien „Entwicklung“ und „Tätigkeit“ sind einerseits als Denk- und Handlungswerkzeuge in dem diagnostischen Prozess des Erkennens, Erklärens und Verstehens zu erfassen, sie bilden aber andererseits einen Klassifikationsmaßstab für dieses Geschehen.

Klassifikation meint zunächst die Einteilung, Ein- und Zuordnung innerhalb eines diagnostischen Prozesses. Diese Einteilung und Zuordnung erfolgt mit Blick auf bestimmte Merkmale, Eigenschaften, Kennzeichen und Gesichtspunkte, die als Richtlinien den Klassifizierungen zugrunde liegen. Diese Richtlinien bilden einen Maßstab, der als Klassifikationssystem seine Funktion im diagnostischen Prozess wahrnimmt. Diagnostisches Handeln ist ein Vergleich mit einem Klassifikationssystem als Maßstab. Der Zusammenhang zwischen Klassifikationen und Diagnose erklärt sich auf der Grundlage des Menschenbildes und des fachwissenschaftstheoretischen Bezugsrahmens (vgl. Jantzen 1990, S. 164 f.).

Auf der Grundlage des Menschbildes entwickelt sich der fachwissenschaftliche Bezugsrahmen, der wiederum den Ausgangspunkt für die Herausbildung der Maßstäbe des Klassifikationssystems des diagnostischen Verfahrens darstellt, auf dessen Fundament diagnostisch gehandelt wird. Die verschiedenen Ebenen beeinflussen sich dabei gegenseitig, so dass ihre jeweilige inhaltliche Struktur durch die wechselseitige Einwirkung mitbestimmt wird. Das heißt, dass die in einem diagnostischen Prozess zur Anwendung kommenden Klassifikationssysteme durch die besondere Art der Wechselwirkung des ihr zugrunde liegenden Menschenbildes und des fachwissenschaftstheoretischen Bezugsrahmens entwickelt werden.

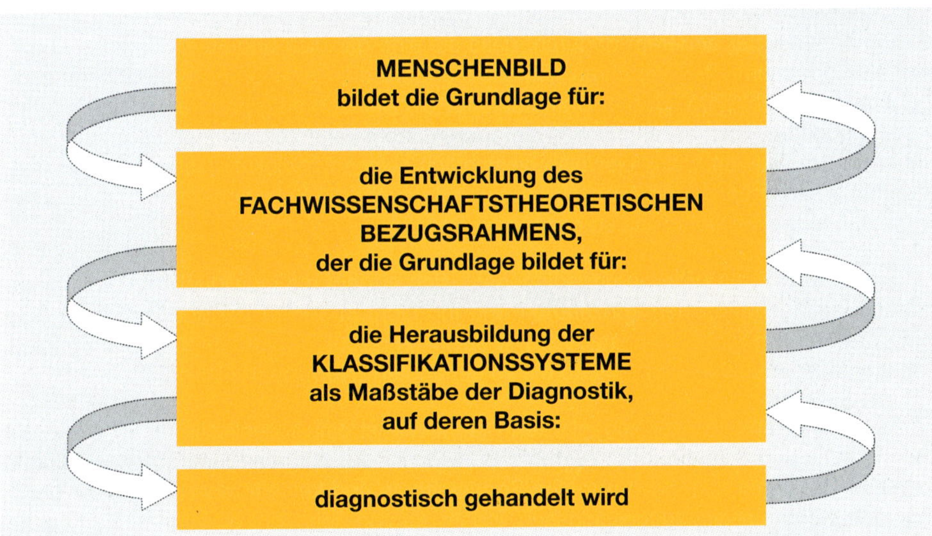

Herleitung der diagnostischen Klassifikationssysteme

Diagnostisches Handeln im Sinne eines Vergleichs mit einem Klassifikationssystem als Maßstab ist damit ein Verfahren für den diagnostischen Erkenntnisgewinn. Die innerhalb eines diagnostischen Prozesses gewonnenen und oft noch zusammenhanglosen Daten, Informationen und Kenntnisse über eine Person werden geordnet und systematisiert, d. h. klassifiziert. Diese Klassifizierung erfolgt auf der Grundlage bestimmter Merkmale und

Eigenschaften, die sich aus dem Menschenbild bzw. dem wissenschaftstheoretischen Bezugsrahmen ergeben, und mündet in eine Erkenntnis, die letztlich die Diagnose erklärt.

Nach welchen Maßstäben innerhalb der Diagnostik verfahren wird, d. h. nach welchen Merkmalen, Eigenschaften und Kriterien die individuellen Ausgangsbedingungen eines Menschen im Verhältnis zu seinen Randbedingungen analysiert bzw. klassifiziert werden, ist von fundamentaler Bedeutung. Ausschlaggeben dafür sind die Ziele der Diagnostik, d. h. welchen Zweck verfolgt die Klassifikation in der Diagnostik, was will sie erreichen, wem nützt sie?

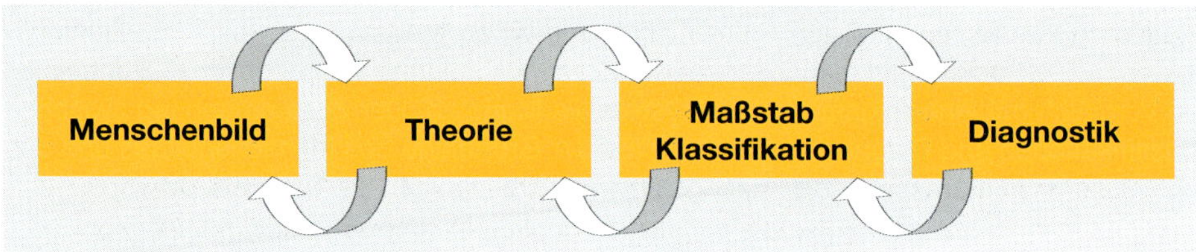

Wechselwirkung zwischen Menschenbild, Theorie, Maßstab und Diagnostik

In diesem Zusammenhang ist in der Diagnostik zwischen einer „Normorientierung“ und einer „Subjektorientierung“ zu unterscheiden. Bezugen auf die übergeordneten gesellschaftlichen Prozesse stellen die normorientierten Verfahren die „bevölkerungspolitische Ebene der Diagnostik“ dar, während die subjektorientierten Verfahren die „individuumsbezogene Entwicklung“ betreffen (vgl. Jantzen 1990, S. 172 f.).

Im Prozess der Diagnostik unterscheiden sich die normorientierten Verfahren von den subjektorientierten unter anderem dadurch, dass sie eine gänzlich andere Zielsetzung verfolgen. Als normorientiertes Verfahren gilt insbesondere die Selektions- und Platzierungsdiagnostik (vgl. Kobi 2003, S. 64): Unterschreitet ein Mensch aufgrund seiner individuellen Ausgangsbedingungen die an einer so genannten „Normalvorstellung“ gemessenen Erwartungen seiner Umwelt (beispielsweise hinsichtlich seines Entwicklungsstandes oder aber hinsichtlich seiner Lern- und Arbeitsleistung), untersucht die Selektions- und Platzierungsdiagnostik ausschließlich diese so genannten Defizite.

Da die Selektions- und Platzierungsdiagnostik sich nur auf die individuellen Ausgangsbedingungen eines Menschen konzentriert und ihn nicht in seinen Randbedingungen bzw. seine Entwicklung nicht im Austausch mit seiner Wirklichkeit betrachtet, ist ihr alleiniger Orientierungspunkt bzw. ihr Maßstab die so genannten „Normalverteilung“.

Die Folge einer solchen normorientierten Diagnostik ist eine Klassifizierung im Sinne der Besonderung und Selektion*, So dürfen z. B. wenn Kinder aufgrund ihrer emotionalen und kognitiven Beeinträchtigungen nur eine Sonderschule und keine Integrationsklasse besuchen. Sie werden sozial ausgeschlossen, indem sie von den nicht emotional und kognitiv beeinträchtigten Kindern getrennt werden. Insofern verfolgt eine normorientierte Diagnostik nicht die Interessen der Betroffenen, insbesondere dann nicht, wenn den Kindern beispielsweise der gemeinsame Schulbesuch nicht ermöglicht wird.

Auf eine umfassende Darstellung der normorientierten Verfahren wird in diesem Zusammenhang verzichtet (zur Vertiefung empfiehlt sich Jantzen 1990, Kapitel 9). Im Mittelpunkt der Diagnostik in der Heilpädagogik und der Heilerziehungspflege stehen die subjektorientierten Verfahren, die vom Interesse der Betroffenen ausgehen.

Subjektorientierung in der Diagnostik der Heilpädagogik und Heilerziehungspflege bedeutet nach einem Klassifikationssystem als Maßstab vorzugehen, das (vor dem Hintergrund der skizzierten Überlegungen zur Entwicklung und Tätigkeit) die individuellen Ausgangsbedingungen und Randbedingungen eines Menschen zum Gegenstand hat. Damit wird ein diagnostischer Weg beschritten, um die Prozesse der Behinderung einer Person zu erkennen, zu erklären und schließlich als das Besondere dieser Menschen in ihrer Möglichkeit des Menschseins unter den ihr gewährten Entwicklungsbedingungen zu verstehen. Dieses Verständnis bildet die Grundlage für die pädagogische Lebensbegleitung dieser Person, die ihr eine uneingeschränkte, gleichwertige und gleichberechtigte Teilhabe am Leben in der Gesellschaft ermöglichen sollte.

Zusammenfassung

Neben einem Menschenbild benötigt diagnostisches Handeln in der Heilerziehungspflege und in der Heilpädagogik einen fachswissenschaftstheoretischen Bezugsrahmen. Vor dem Hintergrund einer fachwissenschaftlichen Theorie werden die entsprechenden Denk- und Handlungswerkzeuge für den diagnostischen Prozess der Erkennens, Erklärens und Verstehens gebildet, die als Kategorien bezeichnet werden. Diese Kategorien ermöglichen es, diagnostisch die individuellen Ausgangsbedingungen und Randbedingungen eines Menschen zu analysieren, um das Besondere eines Menschen im Allgemeinen erkennen, erklären und verstehen zu können.

Vor dem Hintergrund eines Alltagsverständnisses sind die z. T. schwer wiegenden diagnostischen Fragen und Probleme in der Heilpädagogik und Heilerziehungspflege nicht zu beantworten und zu lösen. Es braucht einen Erklärungshintergrund, den Kormann (2000) als Wissensspeicher bezeichnet, der in Abhängigkeit von der diagnostischen Fragestellung abzurufen sowie auf seine Bedeutsamkeit für die jeweilige Situation und Handlung der zu diagnostizierenden Person zu überprüfen ist.

Beispielhaft wurden grundlegende Überlegungen zu den Kategorien „Entwicklung“ und „Tätigkeit“ ausgeführt, um den Hintergrund einer Theorie aufzuzeigen, die die Dimensionen des menschlichen Seins in biologischer, sozialer und psychischer Hinsicht abzubilden vermag. „Entwicklung“ und „Tätigkeit“ sind als exemplarische Kategorien zu verstehen, die als Denk- und Handlungswerkzeuge in der Diagnostik zum Einsatz kommen. Sie stellen die Voraussetzungen des diagnostischen Handelns in der Heilpädagogik und Heilerziehungspflege dar.

Damit wurde ein Klassifikationssystem dargestellt, das als Richtlinie den Erfordernissen einer subjektorientierten Diagnostik gerecht wird. Das heißt, die vorgestellten Zusammenhänge von Entwicklung und Tätigkeit stellen ein Klassifikationssystem dar, das als Maßstab die bedeutsamen Dimensionen der menschlichen Existenz zu erkennen, zu erklären und zu verstehen vermag. Auf dieser Grundlage können im pädagogischen Prozess für die zu diagnostizierenden Personen die Bedingungen und Voraussetzungen dafür geschaffen werden, dass ihre Lebensbegleitung ihnen eine Teilhabe am Leben in der Gesellschaft ermöglicht.

Subjektorientiertes diagnostisches Handeln versteht sich als eine Diagnostik im Interesse der Betroffenen, d. h. vor dem Hintergrund der Ausführungen erscheint der Prozess der Behinderung eines Menschen im weitesten Sinne als das Ergebnis der Beantwortung seiner Beeinträchtigung innerhalb seiner Randbedingungen.

Warum also ein Mensch so ist, wie er ist, ist letztlich nur vor dem Hintergrund seiner individuellen Ausgangsbedingungen im Verhältnis zu seinen Randbedingungen diagnostisch zu entschlüsseln. Die dabei in Erscheinung tretenden Tätigkeiten eines Menschen, wie auch immer sie sich zeigen, sind nicht anderes, als durch seine subjektiven Tätigkeitsprozesse individuell angeeignete Tätigkeitsstrukturen. Sie sind die psychisch widergespiegelten (erlebten und erkannten), nachgebildeten und in Tätigkeiten übertragene Ergebnisse seiner Erfahrungen innerhalb seines Verhältnis zur Welt und zum Menschen, die er sich unter seinen spezifischen Ausgangsbedingungen im Verhältnis zu seinen Randbedingungen angeeignet hat bzw. aneignen musste.

Aufgaben

1. Warum braucht die Diagnostik in der Heilpädagogik und der Heilerziehungspflege einen fachwissenschaftstheoretischen Bezugsrahmen?
2. Welche Bedeutung hat der Wissensspeicher für die Diagnostik?
3. Wie bildet sich der Wissensspeicher?
4. Was sind Kategorien und welche Funktion haben sie im Prozess der Diagnostik?
5. Erklären Sie die Aussage, dass Diagnostik ein Prozess der Vermittlung eines Allgemeinen mit einem Einzelnen ist, indem das Einzelne als das Besondere dieses Allgemeinen in seiner Entwicklung erkannt, erklärt und verstanden wird?
6. Was verstehen Sie unter Entwicklung und Tätigkeit?
7. Im welcher Beziehung stehen die Kategorien „Entwicklung“ und „Tätigkeit“ zur Diagnostik?
8. Erklären Sie den Zusammenhang zwischen Klassifikation und Diagnostik?

Vertiefung und Anwendung des Erlernten

- *Fragen Sie sich kritisch, inwieweit sich ihr diagnostisches Handeln auf Ihr Alltagsverständnis oder auf einem Ihrem wissenschaftstheoretischen Bezugsrahmen beruht?*
- *Reflektieren Sie, inwieweit Sie sich in Ihrem diagnostischen Handeln auf Ihren „Wissensspeicher“ beziehen.*
- *Überprüfen Sie, inwieweit Ihr Handeln im diagnostischen Prozess durch den Wissensspeicher beeinflusst wird?*
- *Überprüfen Sie, nach welchen Maßstäben Sie im diagnostischen Prozess die spezifische Lebenssituation einer behinderten Person beurteilen?*
- *Reflektieren Sie, inwieweit Sie in Ihrem diagnostischen Handeln normorientiert oder subjektorientiert vorgehen?*

Bilden Sie Gruppen und diskutieren Sie folgende Fragen:

- *Warum ist es erforderlich, dass das diagnostische Handeln nicht auf einem Alltagsverständnis, sondern auf einem wissenschaftstheoretischen Bezugsrahmen beruht?*
- *Warum sollten im diagnostischen Geschehen die Klassifikationssysteme offengelegt werden?*
- *Warum sollte die Diagnostik in der Heilpädagogik und Heilerziehungspflege eine subjektorientierte und keine normorientierte sein?*

5 Methoden der heilpädagogischen Diagnostik

„Ich bin durchaus für Methoden, aber um sie zu gebrauchen und nicht um an sie zu glauben."
(Buber 1965, S. 174)

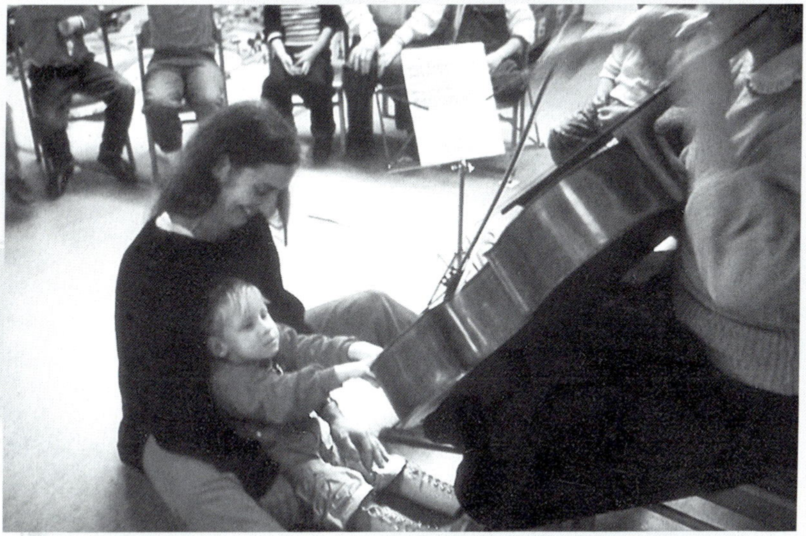

- Was wird unter Methoden der Diagnostik in der Heilerziehungspflege und Heilpädagogik verstanden?
- Welche Aufgaben und Funktionen erfüllen die Methoden in der Diagnostik?
- Was wird unter dem Doppelcharakter von Methoden verstanden?
- Wie erfolgt die diagnostische Urteils- und Entscheidungsbildung?

5.1 Methoden als Mittel und Verfahren der Diagnostik

Die Methoden der Diagnostik in der Heilpädagogik und Heilerziehungspflege stehen stets im Zusammenhang mit dem Menschenbild, mit dem sich darauf beziehenden wissenschaftstheoretischen Bezugsrahmen sowie mit dem im diagnostischen Prozess erforderlichen Erklärungswissen des Wissensspeichers. Entsprechend liegen den Methoden der Diagnostik bestimmte Annahmen zugrunde.

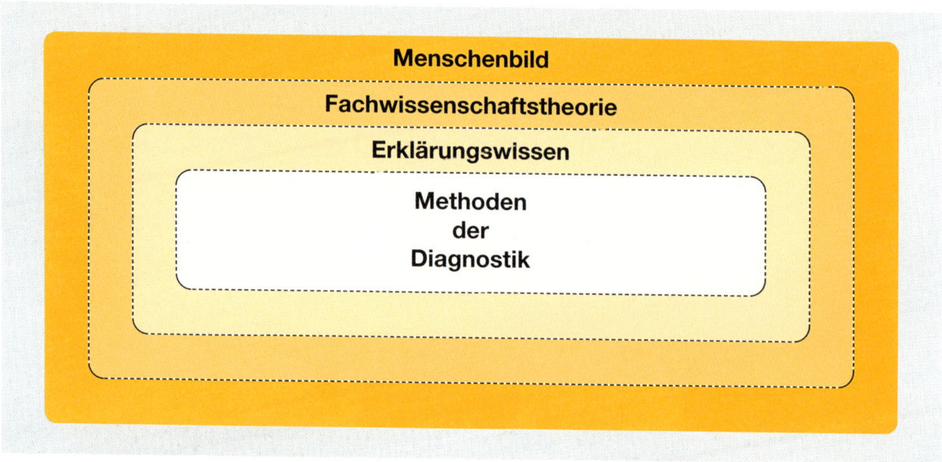

Bezugsrahmen der Methoden der Diagnostik (nach Mutzeck 2004, S. 11)

Die Diagnostik ist Teil der heilpädagogischen Methodenlehre. Diagnostik verstanden als ein Prozess der Urteilbildungsbildung bzw. als ein Prozess der Vermittlung eines Allgemeinen mit dem Einzelnen, indem das Einzelne als das Besondere dieses Allgemeinen in seiner Entwicklung rekonstruiert wird, erfordert Methoden. Die Methoden der Diagnostik in der Heilpädagogik und der Heilerziehungspflege bestimmen folglich den Weg, wie in dem diagnostischen Geschehen der Urteilsbildung vorzugehen ist. Sie sind zu charakterisieren als die Handlungsweisen und Handhabungen, mittels derer die Ergebnisse in der Diagnostik gewonnen, begründet und geprüft werden.

Die Methoden beschreiben damit die Verfahren und die Mittel, die in der Diagnostik eingesetzt werden, um die Prozesse vom Erkennen zum Erklären zum Verstehen leisten zu können. Sie sind der Schlüssel zur Lösung und Beantwortung der diagnostischen Problem- und Fragestellungen.

Methoden der Diagnostik als Mittel und Verfahren für das Erkennen, Erklären und Verstehen

Gewissermaßen wird über die Methoden der Diagnostik die Bearbeitung des „Wissens vom Nichtwissen" geleistet. Damit erfüllen die Methoden bezogen auf die diagnostischen Problem- und Fragestellungen die Funktion, vor dem Hintergrund der individuellen Ausgangsbedingungen eines Menschen im Verhältnis zu seinen Randbedingungen Erklärungen und Antworten aufzuzeigen.

Methoden in der Diagnostik haben also den Charakter von Grundprinzipien und Regeln, die angewandt werden, um zu brauchbaren, zuverlässigen und gültigen Ergebnissen zu gelangen. Diese Grundsätze und Regeln enthalten allgemeine Anweisungen und Annahmen, die im Verlauf des diagnostischen Geschehens jeweils in Abhängigkeit von den entsprechenden diagnostischen Problem- und Fragestellungen herangezogen werden können.

Die Methoden als Mittel und Verfahren in der Diagnostik sind so gesehen Leitlinien im Sinne von Orientierungshilfen und zwar insofern, als dass sie aufzeigen, wie die konkreten diagnostischen Handlungen zu gestalten sind. Die Methoden umfassen einerseits Annahmen über den zu diagnostizierenden Personkreis und geben andererseits Anweisungen, wie in der konkreten diagnostischen Begegnung beispielsweise das Sammeln, Ordnen, Gewichten und Bewerten der diagnostisch notwendigen Informationen und Daten bewältigt werden kann.

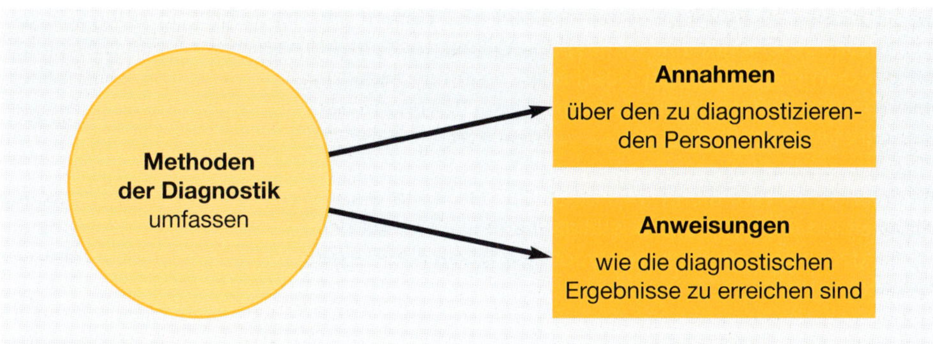

Doppelcharakter der Methoden als Annahmen und Anweisungen

Die Wahl der Methoden innerhalb eines diagnostischen Geschehens ist sowohl abhängig von deren Zielen und Absichten als auch von den ihnen zugrunde liegenden wissenschaftstheoretischen Annahmen. Die Entscheidung über die Mittel und Verfahren der Lösung und Beantwortung der diagnostischen Problem- und Fragestellungen ist damit stets auf Engste verknüpft mit den Auffassungen vom Menschen im Allgemeinen und vom Menschen, der als behindert bezeichnet wird, im Besonderen, sowie mit dem fachwissenschaftstheoretischen Bezugsrahmen.

Vor dem Hintergrund der in Kapitel 4 angeführten Zusammenhänge sollte die Wahl der Methoden stets dem Anspruch der dem Bewusstsein mehrerer Personen gemeinsamen Beziehungsformen entsprechen, d. h. sie sollte interaktiv, kommunikativ, kooperativ und dialogisch angelegt sein (vgl. Gröschke 2004, S. 20).

Die Wahl der Methoden in der Diagnostik der Heilerziehungspflege und der Heilpädagogik bestimmt die Erklärung der Ausgangs- und Randbedingungen in der Entwicklung eines Menschen.

Die Methoden entscheiden entsprechend darüber, nach welchen Maßstäben eines Klassifikationssystems die Deutungen, Bewertungen, Beurteilungen und Entscheidungen im diagnostischen Prozess verlaufen.

Letztlich tragen die Methoden maßgeblich dazu bei, wie im Prozess der Diagnostik über das Erklären die verstehenden Zugänge zu einem Menschen erarbeitet werden. Vor dem Hintergrund dieser Überlegungen werden im Folgenden einige methodische Verfahren in der Diagnostik skizziert.

5.2 Methodische Verfahren der Diagnostik in der Heilpädagogik und Heilerziehungspflege

Methodische Verfahren in der Heilpädagogik und der Heilerziehungspflege haben das Erkennen des „Wissens vom Nichtwissen" in der diagnostischen Begegnung zum Gegenstand. Dabei erfolgt zunächst eine Hypothesenbildung, d. h. eine Vermutung im Hinblick auf die diagnostische Problem- und Fragestellung. Bereits die Herausbildung einer solchen Hypothese* geschieht nicht voraussetzungslos, sondern sie wird maßgeblich beeinflusst von der dem diagnostischen Geschehen zugrunde liegenden Auffassung vom Menschen bzw. von den Auffassungen, Annahmen und Theorien über Menschen, die als behindert bezeichnet werden.

Die anfängliche Vermutung wird innerhalb des weiteren diagnostischen Ablaufes auf ihre Gültigkeit hin überprüft und bestätigt, wenn sie sich als richtig erweist (Verifikation). Stellt sich hingegen heraus, dass die Hypothese falsch und damit ungültig ist, wird sie widerlegt (Falsifikation).

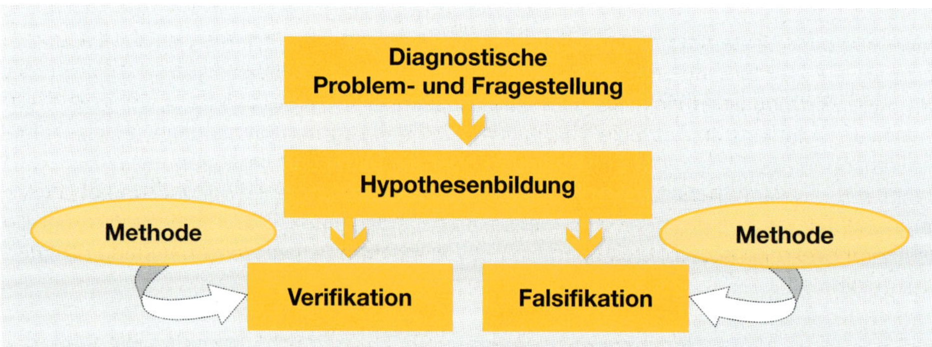

Methoden als Mittel und Verfahren der Verifikation und Falsifikation in der Diagnostik

Das bedeutet, dass die Methoden in Abhängigkeit von den ihnen zugrunde liegenden Annahmen und den entsprechenden Frage- und Problemstellungen in der diagnostischen Begegnung herangezogen werden, um die Hypothese entweder zu verifizieren bzw. zu falsifizieren. So entsteht Erklärungswissen.

Die Notwendigkeit von Erklärungswissen ergibt sich insbesondere in der Begegnung mit schwer emotional und kognitiv beeinträchtigten Personen, die psychische Auffälligkeiten von Fremd- und Selbstgefährdung zeigen. Dörner bezeichnet diese Personen als „Systemsprenger“:

> *„Sie sprengen bestehende Systeme, d. h. sie lassen sich nicht von uns aneignen und in diagnostische Schubladen stecken oder in therapeutische Konzepte integrieren. Dadurch zwingen sie uns, unser Schubladen-, System- und institutionelles Denken immer wieder infrage zu stellen und kurieren uns immer wieder von unseren professionellen Allmachtsfantasien.“*
>
> *(Dörner 1998, S. 92)*

Die Voraussetzung, um den Handlungen und Tätigkeiten dieser „Systemsprenger“ angemessen pädagogisch/therapeutisch zu begegnen, ist ein tief greifendes Verständnis dieser Phänomene

- hinsichtlich ihrer Ursachen, Entstehung und Ausformung sowie
- in Bezug auf die subjektive Bedeutung und Funktion für die Betroffenen selbst und die Auswirkungen im Hinblick auf ihre Lern- und Entwicklungsmöglichkeiten.

Solange der schwer beeinträchtige Mensch und die bei ihm unter Umständen auftretenden psychischen Auffälligkeiten als unverständlich, scheinbar unbeeinflussbar und damit fremd und/oder bedrohlich erscheinen, kann sich kein pädagogischer und therapeutischer Handlungsansatz für ihre Lebensbegleitung entwickeln.

Die Diagnostik hat damit die Funktion, die verstehenden Zugänge zu diesen Personen zu erarbeiten, um ihnen in ihrer Lebensbegleitung die ihnen entsprechenden pädagogischen Unterstützungen gewähren zu können. Sie hat den Auftrag, die Schwierigkeiten von der individuellen Entwicklungslogik der Betroffenen her zu entschlüsseln. Vor dem Hintergrund der in Kapitel 4 erläuterten Zusammenhänge kann die Hypothese formuliert werden, dass die Schwierigkeiten eines so genannten „Systemsprengers“ sozialer Natur sind. In der Folge gilt es diese Hypothese zu bestätigen oder aber zu verwerfen.

Dazu bedarf es bestimmter Methoden, die sowohl die individuellen Ausgangsbedingungen als auch die Randbedingungen der Entwicklung eines Menschen zum Gegenstand haben, um so die diagnostischen Problem- und Fragestellungen zu klären bzw. zu erklären, in deren Folge die verstehenden Zugänge geschaffen werden.

Grundsätzlich ist zu beachten, ob die gewählte Methode für die diagnostische Problem- und Fragestellung geeignet erscheint. Entsprechend ist bei jeder Methode vorab zu klären, mit welcher Absicht diese in dem diagnostischen Prozess zur Anwendung kommen soll.

Kobi beschreibt dieses Vorgehen im Rahmen der Strukturelemente heilpädagogischer Diagnostik (vgl. Kobi 2003, S. 31). Die Diagnose ist für eine „Situationsabklärung und Beurteilung“, die folgende Elemente enthält: die Beobachtung, die Vorgeschichte im Sinne einer Anamnese*, die Prüfung im Sinne von Tests, die Befragung der zu diagnostizierenden Person sowie die Befragung von Drittpersonen. Kobi führt damit exemplarisch Mittel und Verfahren an, die in der Diagnostik als Methoden zur Klärung und Erklärung benutzt werden können.

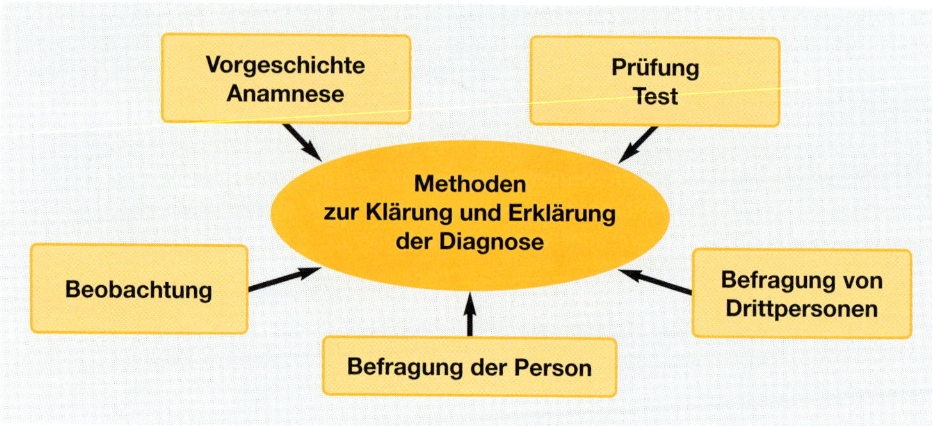

Exemplarische Methoden zur Klärung und Erklärung der Diagnose (nach Kobi 2003, S. 31)

Die Methoden der Bearbeitung der diagnostischen Problem- und Fragestellung beinhalten die Erfassung der individuellen Ausgangsbedingungen eines Menschen im Verhältnis zu seinen Randbedingungen. Sie haben damit sowohl die biologische als auch die soziale und die psychische Ebene eines Menschen zum Gegenstand. Die Methoden werden demgemäss dafür genutzt, die Prozesse des Übergangs vom Biologischen zum Sozialen bzw. vom Sozialem zum Psychischen zu erklären. Im Sinne der subjektorientierten Ausrichtung der Diagnostik in der Heilpädagogik und Heilerziehungspflege steht nicht die Frage im Vordergrund, wie ein Kind beschaffen sein muss, damit es eine vorgegebene Situation meistert, sondern wie die Situation beschaffen sein muss, damit dieses Kind sie zu meistern vermag (vgl. Kobi 2003, S. 29).

Bezogen auf die Probleme der so genannten Systemsprenger könnte sich demgemäß die Fragestellung ergeben, welche Bedingungen und Voraussetzungen in der Lebensbegleitung dieser Personen geschaffen werden müssen, so dass sie sich nicht mehr über fremd- und selbstgefährdende Handlungen zu ihrer Wirklichkeit in Beziehung setzen.

Um die für die diagnostische Frage- und Problemstellung erforderlichen Angaben und Daten sammeln, ordnen, gewichten und beurteilen zu können schlägt Gröschke vier diagnostische Grundmethoden vor: Befragen, Beobachten, Inventarisieren* und Testen (vgl. Gröschke 2004, S. 15 f.). Exemplarisch wird auf die Methoden des Befragens, Beobachtens und Testens im Folgenden näher eingegangen. Dies sind eng miteinander verbunden. Die angeführte Reihenfolge entspricht in der Regel auch deren Abfolge im diagnostischen Handeln.

5.3 Das Gespräch

Das Gespräch als eine Methode des diagnostischen Handelns zur Erhebung von Informationen und Daten wird entweder mit der zu diagnostizierenden Person selbst geführt oder aber mit Drittpersonen. Der Terminus „Gespräch" dient hier als Oberbegriff. Spezifischere Bezeichnungen sind Interview im Sinne einer Befragung, Exploration oder Erhebung einer Anamnese (vgl. Fisseni 1997, S. 212). Exploration meint in diesem Zusammenhang das Erkunden des subjektiven Lebensraumes der zu diagnostizierenden Person.

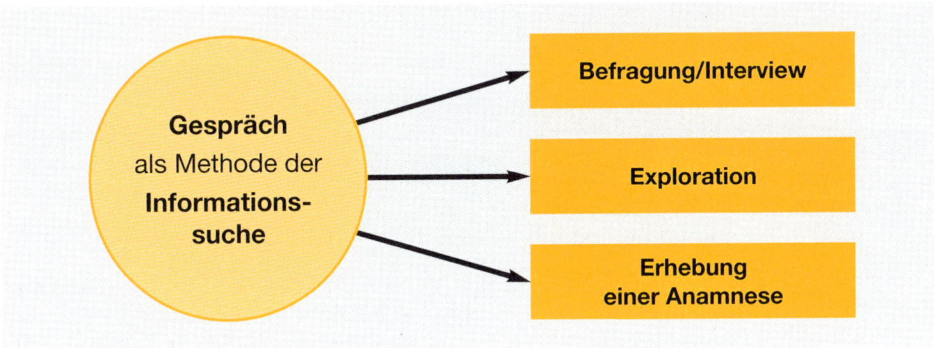

Gespräch als Methode der Informationssuche

Mit dem Gespräch werden „brauchbare und verlässliche Angaben über ein Problem und seinen Bedingungshintergrund" erfasst (Gröschke 2004, S. 15). Üblicherweise verfolgt das Gespräch zu Beginn eines diagnostischen Prozesses das Ziel, die Erhebung einer Anamnese zu leisten. In der Psychologie bezeichnet Anamnese die Erfassung der Biographie* eines Menschen, bei der es nicht nur um das Erkennen von Problemen und Schwierigkeiten geht, sondern um eine Beschreibung des gesamten Entwicklungsverlaufes (vgl. Gröschke 2004, S. 212).

Das Gespräch als Vorgehensweise der Informationsbeschaffung kann in standardisierter sowie in unstandardisierter Form durchgeführt werden. In einem standardisierten* Gespräch sind der Inhalt und die Reihenfolge der Fragen und Antworten vorgeben (vgl. Fissen 1997, S. 256). In einem nicht standardisierten Gespräch obliegt es den Beteiligten, wie sie die Fragen und Antworten gestalten. Diagnostische Gespräche haben in der Regel eine halbstandardisierte Struktur. Das heißt, ein Teil der Fragen und Antworten kann vorgegeben sein, während der andere Teil der Fragen in dem Gespräch frei formuliert wird. Später werden diese Fragen entsprechend ausgewertet bzw. bewertet. Eine halbstandardisierte bzw. teilstandardisierte Struktur eines diagnostischen Gespräches beinhaltet, dass einerseits das Gespräch inhaltlich nach einem Leitfaden gestaltet wird, andererseits ein offener Rahmen gegeben ist, so dass beispielsweise die zu befragende Person die Möglichkeit erhält, Aspekte zu schildern, die nicht über die Vorgaben erfasst werden. Der offene Rahmen bedeutet für die interviewende Person, dass sie die Reihenfolge und Formulierung der Fragen selbst bestimmen kann.

Für die Klärung der individuellen Ausgangsbedingungen eines Menschen im Verhältnis zu seinen Randbedingungen ist das Gespräch im Rahmen des diagnostischen Handelns unverzichtbar, insbesondere im Hinblick auf die Erklärung der diagnostischen Problemstellung.

Gespräche erfüllen aber nicht nur eine informationsaufnehmende und -verarbeitende Funktion, sondern sie sind auch das entscheidende Bindeglied des sozialen Beziehungsaufbaues und der Beziehungsgestaltung innerhalb der diagnostischen Begegnung (vgl. Gröschke 2004, S. 16). Die Gespräche dienen damit sowohl der Informationsverarbeitung als auch der sozialen Interaktion. Speziell in den Erstgesprächen vollziehen sich zwischen den Beteiligten vorentscheidende und weichenstellende Prozesse der Personenwahrnehmung, der Eindruckbildung sowie der sozialen Definition von Wirklichkeit.

5.4 Die Beobachtung

Beobachtung ist eine

> *„allgemeine Bezeichnung für die aufmerksame und planvolle Wahrnehmung und Registrierung von Vorgängen an Gegenständen, Ereignissen oder Mitmenschen in Abhängigkeit von bestimmten Situationen."*
> *(Fröhlich 1997, S. 88)*

Die Beobachtung ist in diesem Verständnis eine wichtige Methode der diagnostischen Erhebung von Daten und Informationen. Sie wird aber maßgeblich bestimmt durch die Erfahrungen, Kenntnisse, Einstellungen und Haltungen der beobachtenden Person. Sehen ist nicht gleich erkennen und entsprechend wird in der Beobachtung nur das erkannt, was vor dem Hintergrund der bisherigen Erfahrungen und Kenntnisse des Beobachters an dieser Person erkennbar ist. Beobachtungen sind folglich

> *„in jedem Fall subjektiv und nie ganz zu trennen von Deutungen."*
> *(Kobi 2003, S. 42)*

Eine objektive Beobachtung stellt demnach eine unerfüllbare Forderung dar. Vielmehr lässt sich „Objektivität" lediglich im Sinne einer intersubjektiven Übereinstimmung herstellen (vgl. Kobi 2003, S. 42). Das bedeutet: möglich ist nur eine Aussage darüber, was exakt beobachtbar und bestimmbar ist, und zwar so, dass jede andere beobachtende Person unter vergleichbaren Umständen zu einer übereinstimmenden Aussage über das Beobachtete kommen kann.

Bei der Planung einer Beobachtung zur Informationsbeschaffung in der Diagnostik ist zu unterscheiden zwischen einer

- systematischen und unsystematischen Beobachtung,
- teilnehmenden und nichtteilnehmenden Beobachtung,
- offenen und verdeckten Beobachtung,
- Labor- und Feldbeobachtung

(vgl. Schölmerich/Mackowiak/Lengning 2003, S. 615 f.)

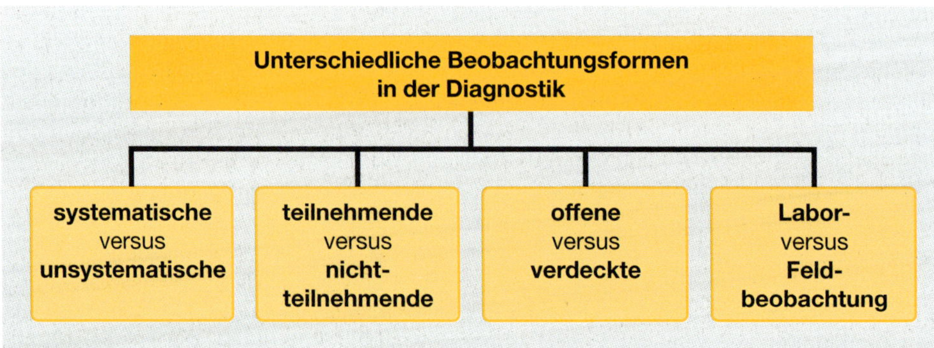

Unterschiedliche Arten der Beobachtung als diagnostische Methode

Bei einer systematischen Beobachtung werden die zu beobachtenden Tätigkeiten oder Handlungen eines Menschen zuvor eindeutig festgelegt. Eine solche Festlegung findet nicht statt bei der unsystematischen Beobachtung, innerhalb derer die Beobachtung eher beschreibend und qualitativ* erfolgt.

Die teilnehmende Beobachtung ist dadurch gekennzeichnet, dass sich die beobachtende Person in die zu beobachtende Situation begibt und selber aktiv in das Geschehen eingreift. Entsprechend hält sich die beobachtende Person bei der nichtteilnehmenden Beobachtung gänzlich aus dem Geschehen heraus und beobachtet die Situation von außen.

Wird die zu beobachtende Person über die Beobachtung informiert, handelt es sich um eine offene Beobachtung. Hingegen ist bei einer verdeckten Beobachtung der zu beobachtenden Person die Tatsache des Beobachtetwerdens nicht bekannt.

Erfolgt die Beobachtung in einer alltäglichen Situation eines Menschen wird sie als Feldbeobachtung bezeichnet. Im Gegensatz dazu wird bei einer Laborbeobachtung eine künstliche Situation geschaffen.

Bei der Wahl der entsprechenden Beobachtungsmethode ist entscheidend, welches Verfahren geeignet erscheint, die diagnostische Problem- und Fragstellung zu bearbeiten. Bezüglich der Planung und Durchführung einer Beobachtung im Rahmen der Diagnostik sollten vorab einige grundlegende Entscheidungen getroffen werden. Es geht dabei um die Klärung der Gesichtspunkte Relevanz*, Validität* und Objektivität (vgl. Kobi 2003, S. 43), d. h.:

- Relevanz: Was soll bezogen auf die zu beobachtende Person als bedeutsam im Sinne von „beobachtungswürdig“ und hinsichtlich der diagnostischen Zielsetzung als wichtig gelten?
- Validität: Welche Beobachtungsart soll als valide im Sinne von gültig und der Zielsetzung angemessen erachtet werden?
- Objektivität: Wie ist in der Beobachtung weitestgehend sicherzustellen, dass die beteiligten Personen in derselben Art und Weise und mit derselben Zielsetzung dasselbe beobachten sowie im Weiteren nach klar definierten Vorgaben und Maßstäben deuten und bewerten?

Der Aspekt der Objektivität meint in diesem Zusammenhang keine Personenunabhängigkeit, sondern wird wieder gefasst als eine intersubjektive Übereinstimmung. Diese intersubjektive Verständigung erfordert Orientierungen: Zum einem braucht es einen Kriteriennachweis, in dem erfasst wird, welche Handlungen und Tätigkeiten einer zu beobachtenden Person warum Beachtung finden. Ferner ist eine Verständigung dahingehend zu erarbeiten, was z. B. unter auffälligen bzw. abweichenden Handlungen und Tätigkeiten gefasst wird. Kobi beschreibt diese Klärung als Bestimmung des so genannten „Devianznachweises“. Ein so genannter Devianznachweis kann dann erforderlich sein, wenn beispielsweise Person A von einer „lebhaften, temperamentvollen“ Beurteilung ausgeht und im Gegensatz dazu Person B diese Handlungen als „distanzlos“ bewertet. Schließlich ist ein „Positionsnachweis“ zu erbringen, der beinhaltet, worauf die beobachtenden Personen sensibilisiert bzw. desensibilisiert sind. Als Positionsnachweis gibt Kobi folgendes Beispiel an: „Was für den Chirurgen, der zu seiner 187. Gallenoperation zockelt, langweilige Routine ist, ist für den Patienten eine bedrängende Situation zwischen Leben und Tod“ (Kobi 2003, S. 43).

Daraus ergibt sich die Notwendigkeit der Offenlegung, d. h. der Transparenz der Beobachtung im diagnostischen Prozess:

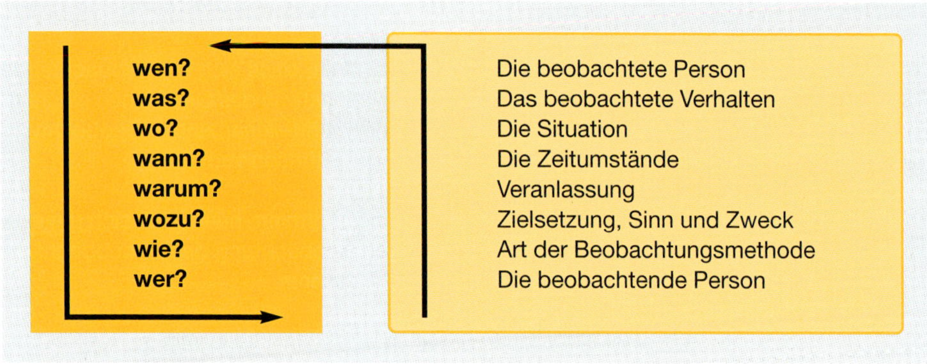

Transparenz der Beobachtung im diagnostischen Prozess (Kobi 2003, S. 44)

Eine qualifizierte Beobachtung sollte

- planmäßig bezüglich der Beobachtungskriterien, der Zeit, der Zielsetzung usw.,
- kontrolliert,
- nachvollziehbar und
- theorie- bzw. hypothesengeleitet

erfolgen (vgl. Kobi 2003, S. 45).

Die Überprüfung und die Kontrolle der Ergebnisse der Beobachtung sollte sich dabei an folgenden Kriterien orientieren:

- Phänomenologisch, d. h. erscheinungsbildlich:
  Was haben andere beobachtet und haben sie dasselbe beobachtet?
- Topologisch, d. h. situationsabhängigkeit und umfeldbezogen:
  Wie zeigt sich die beobachtete Handlung in ungleichen Situationen?
- Chronologisch, d. h. zeitabhängig:
  Wann zeigt sich die beobachtete Handlung, wiederholt sie sich und weist sie eine Periodik* auf?
- Ätiologisch, d. h. auf das Bedingungsgefüge bezogen:
  Unter welchen Bedingungen und Voraussetzungen wird die beobachtete Handlung ausgeführt, besteht ein ursächlicher Zusammenhang mit den sozialen und gegenständlichen Umfeldbedingungen?
- Teleologisch, d. h. ziel- und zweckbestimmend:
  Wird deutlich, warum und weshalb die beobachtete Handlung ausgeführt wird, zeigt die beobachtete Handlung einen Zweck bzw. einen Sinn? (vgl. Kobi 2003, S. 45).

Bezüglich des Vorgehens bei der Beobachtung als Methode zur Gewinnung von Informationen lassen sich vier Phasen unterscheiden:

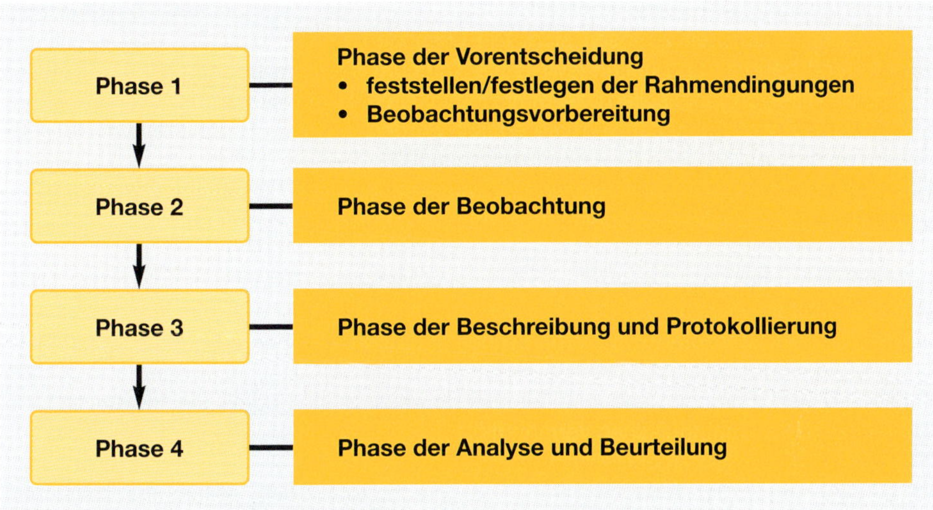

Phasen des Vorgehens bei der Beobachtung (nach Mutzeck 2000, S. 156)

Die Analyse, Beurteilung und Bewertung der Beobachtungsergebnisse findet sowohl vor dem Hintergrund der den Methoden zugrundeliegenden fachwissenschaftstheoretischen Annahmen als auch vor dem Hintergrund der sich aus der diagnostischen Problem- und Fragestellung ergebenden Hypothese statt. Der Übergang von der Beobachtung bzw. Beschreibung zur Erklärung erfolgt also im Spiegel des wissenschaftstheoretischen Bezugsrahmens und mündet in den Prozess des Verstehens als Voraussetzung und Bedingung des pädagogischen Handelns.

5.5 Der Test

Der Test ist im weitesten Sinne als eine „Prüfung" bzw. eine „Probe" zu verstehen. In seiner wissenschaftlichen Anwendung ist der Test zunächst nicht mehr und nicht weniger als ein Messinstrument, das bestimmte Eigenschaften erfüllt. Die Funktion eines Testes als Methode in der Diagnostik kann unter anderem darin bestehen, die sich aus der diagnostischen Problem- und Fragestellung ergebende Hypothese entweder zu bestätigen (verifizieren) oder aber zu verwerfen (falsifizieren).

Tests sind standardisiert, d. h. sowohl die Regeln bezüglich ihrer Durchführung und Auswertung als auch der Interpretation und Deutung ihrer Ergebnisse sind vorgegeben. In der Psychologie wird ein Test als ein wissenschaftliches Routineverfahren zur Untersuchung eines oder mehrerer empirisch abgrenzbarer Persönlichkeitsmerkmale verstanden, mit dem Ziel einer möglichst in Zahlen ausdrückbaren (quantitativen*) Aussage über den relativen Grad der individuellen Merkmalsausprägung (vgl. Fröhlich 1997, S. 406).

Bei einem Test werden in der Regel die psychologisch zu diagnostizierenden Personen mit einer ganzen Reihe von Items (Fragen, Aussagen, Aufgaben oder Bildern) konfrontiert, von denen vermutet wird, dass sie für die Klärung der jeweils gegebenen diagnostischen Fragestellung geeignet sind. Dabei kann ein Test aus einem oder mehreren Items bestehen, die in einer bestimmten Zeit zu lösen sind. Die Lösungen werden qualitativ und quantitativ bewertet und beurteilt und gelten jeweils als Kriterium bestimmter Merkmale der Persönlichkeit. Mit Hilfe von Tests sollen bestimmte Fähigkeiten, Fertigkeiten und Kenntnisse sowie verschiedene Persönlichkeitsmerkmale erfasst werden, um zum Beispiel entscheiden zu können, ob sich ein Mensch für einen bestimmten Beruf eignet. Mithin gibt es in der psychologischen Diagnostik neben solchen Eignungstests z. B. auch allgemeine Leistungstests, Intelligenztests, spezielle Funktionstests, Schultests, Entwicklungstests usw.

Festzuhalten ist, dass bei dieser Art von Tests eine Messung (Quantifizierung) von Merkmalen und Verhaltensweisen beabsichtigt wird, die durch jeweils spezifische Items ausgelöst werden. Ein Test ist insofern ein methodisches Verfahren, das durch die diesem Verfahren zugrunde liegenden wissenschaftstheoretischen Annahmen gekennzeichnet ist. Vor dem Hintergrund der zugrunde liegenden Testtheorie erklären sich damit die Regeln und die Grundsätze dieses methodischen Verfahrens.

Um dem Anspruch der Wissenschaftlichkeit gerecht zu werden, sollten Test folgenden Hauptgütekriterien entsprechen:

- Objektivität,
- Reliabilität,
- Validität.

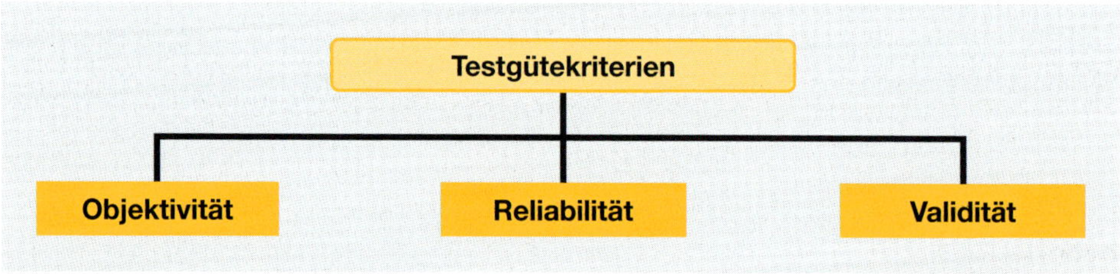

Testgütekriterien

Unter Objektivität wird die Unabhängigkeit der untersuchenden Person verstanden, d. h. die Ergebnisse sind unabhängig von der Person, die den Test durchführt, und von der Testsituation.

> *„Ein Test ist dann objektiv, wenn mehrere unabhängige Auswerter zu übereinstimmenden Ergebnissen kommen."*
> *(Fröhlich 1997, S. 294)*

Die Reliabilität umschreibt die formale Zuverlässigkeit des Tests, d. h. die Genauigkeit der Messung und die Konstanz der Ergebnisse. Ein Test kann dann als reliabel bezeichnet werden, wenn er das Merkmal, das es zu testen gilt, exakt misst, d. h. wenn er bei einer Wiederholung der Testung unter gleichen Bedingungen und an denselben Gegenständen zu gleichen Ergebnissen führt.

Die Validität eines Tests beinhaltet die Genauigkeit, mit der ein Test das testet, was er zu testen angibt. Validität bedeutet demnach die Gültigkeit des Test. Die ermittelten Daten und Informationen dürfen sich nicht nur auf die Testsituationen beschränken,

> *„sondern sie müssen ihre Angemessenheit und Sinnfälligkeit für das Verhalten der Zielperson unter den für sie typischen natürlichen und alltäglichen Lebensbedingungen erweisen."*
> *(Gröschke 2004, S. 21).*

Das bedeutet,

> *„Daten und Informationen aus psychodiagnostischen Verfahren sind in diesem Sinne nur dann heilpädagogisch valide, wenn sie in heilpädagogische Fragestellungen transformiert werden können"*
> *(Gröschke 2004, S. 21)*

Die Ergebnisse eines Intelligenztestes sind nur dann zu nutzen, wenn sie für die heilpädagogische Förderung relevant sind. Zum Beispiel wenn sich aus den Resultaten eines Intelligenztestes ableiten lässt, warum eine Person so ist, wie sie ist, so dass mit dieser Person gezielt deren Lebensbegleitung inhaltlich pädagogisch strukturiert werden kann.

Grundsätzlich ist bei der Nutzung von Tests zur Gewinnung von Informationen und Daten abzuwägen, inwieweit das jeweilige Testverfahren die individuellen Ausgangs- und Randbedingungen einer Person erfasst. Es ist also zu prüfen, ob ein Test geeignet ist, pädagogische Aufgaben, Ziele und Zwecke angemessen zu bearbeiten.

Testergebnisse können zur Klärung bzw. Erklärung der individuellen Ausgangsbedingungen einer Person zum Einsatz kommen. Allerdings ist dabei stets zu berücksichtigen, dass die Ergebnisse eines Tests nicht eine Aussage darüber leisten können, warum eine Person so ist, wie sie ist. Entwicklungsdiagnostisch können Tests zwar das Ergebnis der Entwicklung einer Person erfassen, sie bilden aber nicht den Prozess der Entwicklung selbst ab. Tests stellen nicht mehr und nicht weniger als den aktuellen Zustand einer Person dar. Damit ergeben sich aus einem Testergebnis keine Vorhersagemöglichkeiten in Hinblick auf den weiteren Entwicklungsverlauf einer Person.

Im Rahmen der Diagnostik der Heilpädagogik und Heilerziehungspflege ist ein Test dann nützlich,

> *„wenn seine Durchführung mehr valide Information erbringt als seine Unterlassung."*
> *(Eggert 2003, S. 30)*

5.6 Die diagnostische „Urteils- und Entscheidungsbildung"

Die in den methodischen Verfahren gewonnenen Daten und Informationen sind nicht selbstredend. Zur Absicherung bzw. zur Widerlegung der aufgestellten Hypothese, die den Ausgangspunkt der Beantwortung bzw. Lösung der diagnostischen Frage- und Problemstellung darstellt, werden die erfassten Informationen und Daten analysiert und bewertet. Damit beginnt der diagnostische Prozess des Erklärens.

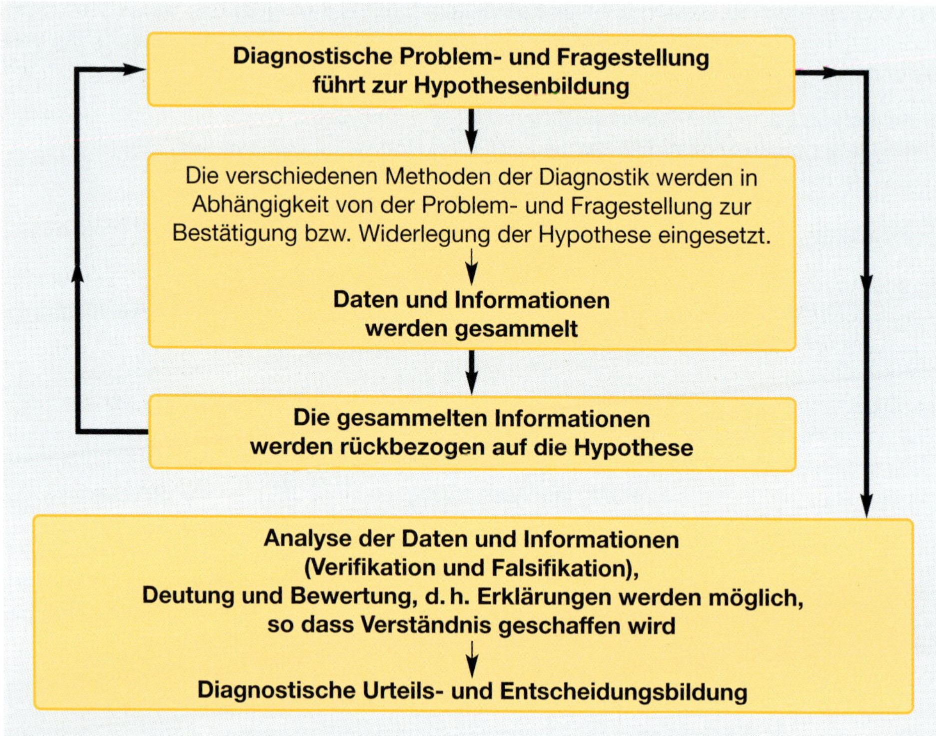

Verlauf der diagnostischen Entscheidungsbildung

Im diagnostischen Prozess werden Erklärungen also erarbeitet, indem die gesammelten Daten und Informationen auf die Hypothese rückbezogen werden, die vor dem Hintergrund des dem diagnostischen Geschehen zugrunde liegenden Menschenbildes bzw. des fachwissenschaftlichen Bezugsrahmens im Sinne des Wissensspeichers gebildet wurde. Das so geschaffene Verständnis bildet die Grundlage für die diagnostische Urteils- und Entscheidungsbildung.

Um beispielsweise die Lebenssituation eines so genannten „Systemsprengers" diagnostisch erkennen, erklären und verstehen zu können, d. h. um im diagnostischen Prozess zu klären, warum dieser Mensch so ist, wie er ist, braucht es neben dem Menschenbild eine Theorie, mit deren Hilfe Hypothesen erarbeitet werden, die zu bestätigen bzw. zu verwerfen sind.

Der diagnostische Prozess vom Erkennen zum Erklären zum Verstehen zum pädagogischen Handeln setzt also nicht nur eine exakte Beschreibung der zu erklärenden diagnostischen Problem- und Fragestellungen voraus, sondern auch fachwissenschaftlich hergeleite und begründende Annahmen über eben diese spezifischen diagnostischen Problem- und Fragestellungen, d. h. eine Theorie.

Urteilen im Sinne von Beurteilen und Entscheiden im diagnostischen Geschehen erfordert einen Bezugsrahmen, vor dessen Hintergrund festgelegt wird, welche Methoden, d. h. welche systematischen Vorgehensweisen oder Verfahren angewandt werden, um beispielweise die Lebenssituation einer schwerbeeinträchtigten Person zu erklären und zu verstehen. Die in diesem Geschehen gewonnenen Informationen und Daten beziehen sich dabei sowohl auf die biologische, die soziale als auch auf die psychische Ebene der zu diagnostizierenden Person.

Die gewonnenen Daten und Informationen werden zueinander in Beziehung gesetzt, d. h. sie werden vor dem Hintergrund des dem diagnostischen Geschehen zugrunde gelegten fachwissenschaftlichen Bezugsrahmens beschrieben, analysiert und bewertet. Indem Beziehungen zwischen den erhobenen Daten und Informationen hergestellt werden können, d. h. die individuellen Ausgangsbedingungen einer Person in Beziehung zur ihren Randbedingungen zu setzen sind, ergeben sich Ursache-Wirkungs-Zusammenhänge, die die spezifische Lebenssituationen der Person erklären. Damit erschließt sich, warum diese Person so ist, wie sie ist. Aus diesem Verständnis heraus werden die entsprechenden diagnostischen Entscheidungen gefällt, die die Grundlage für die Gestaltung der pädagogischen Lebensbegleitung dieser Person bilden.

Zusammenfassung

Die Funktion der Methoden in der Diagnostik der Heilerziehungspflege und der Heilpädagogik besteht im allgemeinsten Sinne darin zur Lösung und Beantwortung diagnostischer Problem- und Fragestellungen beizutragen. Die Methoden sind der Weg des Erkennens, Erklärens und Verstehens im diagnostischen Handeln.

Den Methoden liegen bestimmte Annahmen zugrunde, die sich aus ihrem wissenschaftstheoretischen Bezugsrahmen erklären und das Vorgehen in Bezug auf die diagnostischen Frage- und Problemstellungen bestimmen. Entsprechend haben die Methoden einen Doppelcharakter, einerseits basieren sie auf Annahmen über den zu diagnostizierenden Personkreis und andererseits geben sie vor diesem Hintergrund Anweisungen, wie in dem diagnostischen Prozess vorzugehen ist, um Daten und Informationen zu gewinnen, diese zu begründen und zu überprüfen.

Welche methodischen Verfahren in dem Prozess der Diagnostik herangezogen werden, ist insofern nicht beliebig, sondern ergibt sich vor dem Hintergrund der ihnen zugrunde liegenden fachwissenschaftlichen Annahmen und aus der diagnostischen Begegnung. Entsprechend ist jeweils zu prüfen, ob die Methoden dem Anspruch gerecht werden, in dem diagnostischen Prozess die individuellen Ausgangsbedingungen eines Menschen im Verhältnis zu seinen Randbedingungen zu erkennen und zu erklären, so dass verstehende Zugänge zu diesem Menschen geschaffen werden können.

Beispielhaft wurden die Methoden des Gesprächs, der Beobachtung und des Tests skizziert. Diese methodischen Verfahren ermöglichen das systematische Sammeln, Ordnen, Bewerten und Beurteilen der diagnostisch bedeutsamen Informationen und Daten. Auf dieser Grundlage wird in der Diagnostik Erklärungswissen über eine Person erarbeitet, so dass Verständnis geschaffen wird, um auf der Basis der verstehenden Zugänge die pädagogische Planung, Strukturierung und Gestaltung der Lebens-, Lern- und Aneignungssituation einer Person zu verwirklichen.

Aufgaben

1. Erläutern Sie den Zusammenhang zwischen dem Menschenbild, dem wissenschaftstheoretischen Bezugsrahmen und den Methoden der Diagnostik in Heilpädagogik und Heilerziehungspflege?
2. Was verstehen Sie unter dem Doppelcharakter der Methoden?
3. Welche Funktion erfüllen die Methoden in der Diagnostik der Heilpädagogik und Heilerziehungspflege?
4. Erläutern Sie das methodische Verfahren des Gespräches.
5. Erläutern Sie das methodische Verfahren der Beobachtung.
6. Erläutern Sie das methodische Verfahren des Tests.
7. Warum ist zu prüfen, welche Methode für die jeweilige diagnostische Problem- und Fragestellung herangezogen werden soll?
8. Beschreiben Sie den Prozess der diagnostischen Urteils- und Entscheidungsbildung.

Vertiefung und Anwendung des Erlernten

Sie werden mit der Aufgabe konfrontiert, eine behinderte Person zu diagnostizieren:

- *Wie entwickeln Sie die diagnostische Problem- und Fragestellung bezogen auf diese Person?*
- *Vor welchem Hintergrund erarbeiten Sie sich Ihre Hypothese über diese Person?*
- *Vor welchem Hintergrund treffen Sie die Wahl Ihrer Methoden?*
- *Legen Sie offen, wie Sie in dem diagnostischen Prozess zur Erklärung und zum Verstehen dieser Personen gelangen und begründen Sie Ihr Handeln.*

Sie haben die Aufgabe, eine Anamnese über eine zu diagnostizierende behinderte Person zu erstellen:*

- *Wie gehen Sie vor?*
- *Wie strukturieren Sie ein dafür erforderliches Gespräch entweder mit der Person selbst oder aber mit Drittpersonen?*
- *Wie beschreiben, analysieren und bewerten bzw. beurteilen Sie die Ergebnisse Ihrer Anamnese?*

Sie werden in einem diagnostischen Prozess mit der Anforderung konfrontiert, eine Person zu beobachten:

- *Wie gehen Sie vor?*
- *Wie überprüfen Sie die Ergebnisse Ihrer Beobachtung?*
- *Wie beschreiben, analysieren und bewerten bzw. beurteilen Sie die Ergebnisse Ihrer Beobachtung?*

Bilden Sie Gruppen und diskutieren Sie folgende Fragen:

- *Wie kommt es in dem Prozess der Diagnostik zur Hypothesenbildung?*
- *Was wird unter der Verifikation und Falsifikation der Hypothesen verstanden und welche Bedeutung haben sie für den diagnostischen Prozess?*
- *Welche Gründe gibt es für den Einsatz eines Tests und welche Gründe sprechen dagegen?*
- *Warum stellt ein Test nur eine Momentaufnahme dar?*
- *Verständigen Sie sich auf eine Definition von „Erklären" und „Verstehen" und charakterisieren Sie deren Bedeutung für die Diagnostik.*

6 Rehistorisierende Diagnostik

„Nicht bemitleiden, nicht auslachen, nicht verabscheuen, sondern verstehen."
(Bourdiev 1997, S. 13)

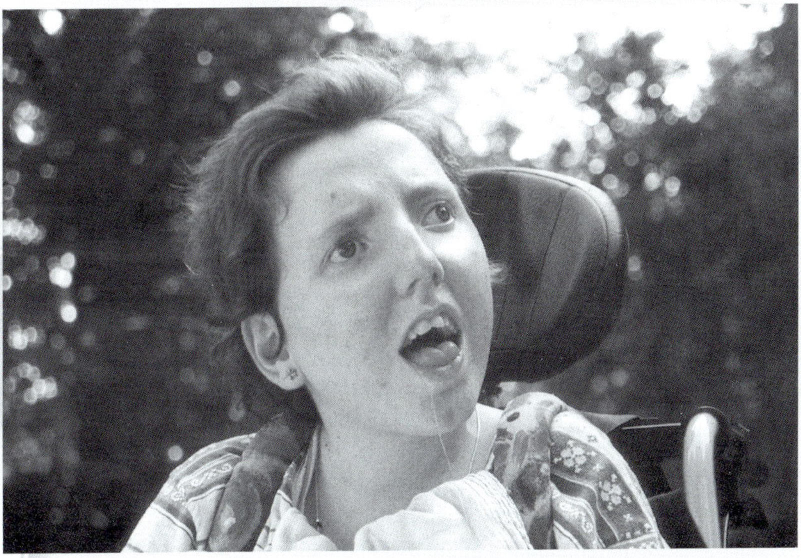

- Was wird unter der Methode der rehistorisierenden Diagnostik verstanden?
- Welche Grundannahmen liegen der rehistorisierenden Diagnostik zugrunde?
- Was wird unter der doppelten Realität eines behinderten Menschen gefasst?
- Was bedeutet die dialektische und ideologische Entschlüsselung im diagnostischen Geschehen?

6.1 Die Methode der rehistorisierenden Diagnostik

Die rehistorisierende Diagnostik wurde als eine Methode der Diagnostik von Wolfgang Jantzen entwickelt (vgl. Jantzen/Lanwer-Koppelin 1996; Jantzen 2005). Sie ist eine verstehende Diagnostik, die auf Erklärungswissen fußt und durch den im vorangegangenen Kapitel beschriebenen Prozess vom Erklären zum Verstehen gekennzeichnet ist. Als eine subjekt- und entwicklungsorientierte Diagnostik dient sie der pädagogischen Förderung.

„Historisieren" beschreibt der Duden als „das Geschichtliche betonen, anstreben". „Re" ist zu übersetzen als „zurück". Wörtlich übersetzt heißt Rehistorisierung also „zurück zur Geschichte" und bedeutet dementsprechend in diesem Zusammenhang zurück zur Geschichte, zur Lebensgeschichte eines Menschen. Damit wird das Anliegen dieser Methode der Diagnostik deutlich:

Es geht darum die Entwicklung des Psychischen und der Persönlichkeit einer Person im Spiegel ihres Lebens und Erlebens erklärbar und verstehbar zu machen.

Um zu verdeutlichen was unter rehistorisierender Diagnostik zu verstehen ist, ist auf die neurologischen Geschichten von Oliver Sacks, insbesondere die beiden Bände „Der Mann, der seine Frau mit einem Hut verwechselte" und „Eine Anthropologin auf dem Mars" (Sacks 1987, 1995) zu verweisen.

„Vorher uns fremde, bizarre Formen menschlicher Lebensäußerungen erscheinen uns nahe und verstehbar. Es leuchtet ein, daß dies nur möglich ist, wenn Oliver Sacks das der jeweiligen Geschichte zugrunde liegende Syndrom zu identifizieren vermag. Denn damit hört die jeweilige Geschichte auf, nur als einzelne, von uns unverstandene Geschichte zu existieren. Durch die Einführung des Syndroms, und damit des Wissens über das Syndrom, wird sie zu einer besonderen Geschichte. Was bedeutet es, unter Bedingungen dieses Syndroms Mensch zu sein, welche Auswirkungen also hat das Syndrom auf die Entwicklung der Persönlichkeit?"*
(Jantzen 1999, S. 32)

Diese Fragestellungen stehen auch im Mittelpunkt der rehistorisierenden Diagnostik.

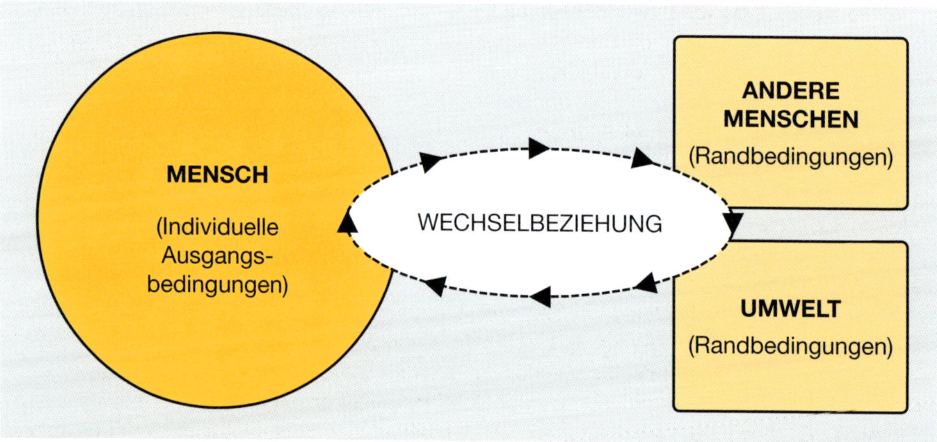

Individuelle Ausgangsbedingungen und Randbedingungen als Gegenstand der rehistorisierenden Diagnostik

Die rehistorisierende Diagnostik beschränkt sich nicht darauf zu beschreiben, wie eine Person ist. Vielmehr will sie vor dem Hintergrund der Ausgangsbedingungen dieser Person erklären und verstehen, warum diese Person sich unter den ihr gewährten Entwicklungsbedingungen so und nicht anders entwickelt hat: Welche Gründe liegen ihrem So-Sein zugrunde, welche Ereignisse sind im Verlauf der Lebensgeschichte dafür verantwortlich, dass diese Person so geworden ist? Welche Begebenheiten und Umstände haben im Leben eines Menschen dazu beigetragen, dass er beispielsweise sich selbst und andere verletzt?

Damit diese Fragen beantwortet werden können, ist das Aufarbeiten der Lebensgeschichte dieser Person erforderlich. Im Prozess der Diagnostik muss also Erklärungswissen aufgebaut werden, das auf den Werdegang, d. h. auf den Lebenslauf dieser Person bezogen ist.

Alles, was eine Person ist, ist aus den Wechselwirkungen zwischen den inneren und äußeren Bedingungen ihrer Entwicklung entstanden. Deshalb ist nicht nur die Wechselwirkung selbst Gegenstand der Diagnostik, sondern auch die Bedingungen, unter denen sich diese Wechselwirkungen ereignet haben. Um die „Werkzeuge" der rehistorisierenden Diagnostik verstehen zu können, ist in aller Kürze auf ihren wissenschaftstheoretischen Bezugsrahmen einzugehen.

6.2 Der wissenschaftstheoretische Bezugsrahmen der rehistorisierenden Diagnostik

Die rehistorisierende Diagnostik richtet ihren Blick auf die Lern- und Entwicklungsmöglichkeiten eines Menschen, die im Prozess der Aufarbeitung seiner Lebensgesichte erkannt, erklärt und in der Folge verstehend entschlüsselt werden.

In diesem diagnostischen Geschehen wird unterschieden zwischen den Beeinträchtigungen einer Person als den individuellen Ausgangsbedingungen ihrer Entwicklung und der psychosozialen Bedingungen der Beeinträchtigung ihrer Lern- und Entwicklungsmöglichkeiten. Die bei einer Person in Erscheinung tretenden Behinderungen und psychischen Auffälligkeiten sind das Ergebnis ihrer Entwicklung und nicht gleichzusetzen mit den Ursachen, die sie hervorgerufen haben. Es besteht ein Unterschied zwischen Ursache und Wirkung. Das heißt, die Behinderungen bzw. die psychischen Auffälligkeiten eines Menschen können verschiedene Ursachen haben und eine Ursache kann wiederum verschiedene Behinderungen und psychische Auffälligkeiten auslösen.

Damit kommt der im Kapitel 4 erläuterten Wechselwirkung zwischen Individuum und Umwelt eine zentrale Rolle zu. In der Wechselwirkung zwischen den individuellen Ausgangsbedingungen einer Person im Verhältnis zur ihren sozialen Entwicklungsbedingungen entfalten sich die Prozesse der Behinderung bzw. der psychischen Auffälligkeiten unter bestimmten Voraussetzungen und unter bestimmten Bedingungen. Diese Vorraussetzungen und Bedingungen werden in der Rehistorisierung der Lebensgeschichte dieser Person diagnostisch entschlüsselt. Dabei bedient sich die rehistorisierende Diagnostik eines wissenschaftstheoretischen Bezugsrahmens, der unter anderem sowohl die Erkenntnisse der Entwicklungspsychologie und der Entwicklungspsychopathologie* als auch der Neurophysiologie* und Neuropsychologie* mit berücksichtigt. Gleichermaßen werden sozialwissenschaftliche* Erkenntnisse herangezogen, um die behindernden Verhältnisse der Entwicklung eines Menschen erfassen zu können.

Die rehistorisierende Diagnostik steht in der wissenschaftstheoretischen Tradition der kulturhistorischen Schule und der Tätigkeitstheorie (vgl. Kapitel 4), die mit den Namen Wygotki, Leontjew und Lurija verknüpft sind, und beruht gleichermaßen auf den Überlegungen von Basaglia (1974).

Die kulturhistorische Tradition begreift die Ganzheitlichkeit eines Menschen stets im Zusammenhang mit der seine Existenz absichernden biologischen, psychischen und sozialen Ebene (vgl. Leontjew 1982, Kap. 6). Ein Mensch ist insofern weder auf Psychisches noch auf Biologisches zu reduzieren, sondern in seiner Ganzheit zu sehen. Sowohl der Erwerb von Kompetenzen als auch alle höheren psychischen Funktionen eines Menschen sind das Ergebnis des in Kapitel 4 skizzierten Wechselwirkungsprozesses zwischen Individuum und Umwelt. Innerhalb dieses wechselseitigen und rückgekoppelten prozessualen Geschehens, d. h. im Dialog, in der Kommunikation und in der Kooperation mit anderen erlebt und erkennt sich ein Mensch. Er erfährt die Bestätigung seiner selbst durch den Anderen.

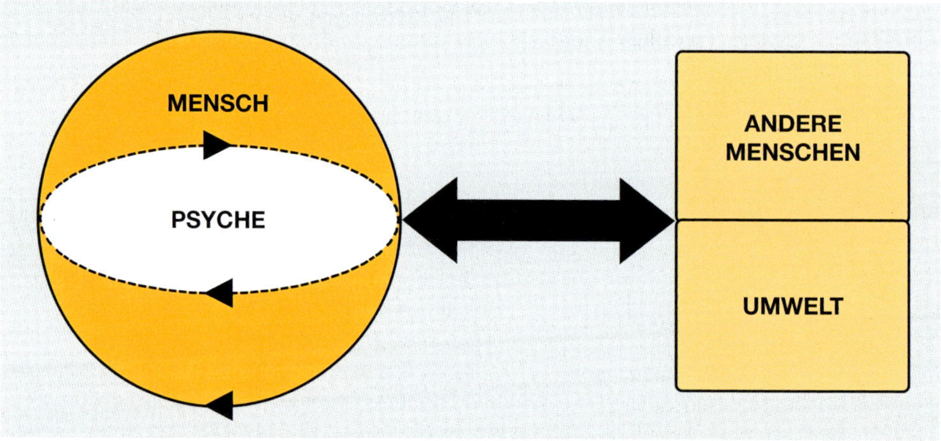

Die Wechselbeziehungen des Menschen zur Welt und zum Menschen als Gegenstand der rehistorisierenden Diagnostik

Vor diesem Hintergrund stützt sich die rehistorisierende Diagnostik auf die Annahme, dass ein Mensch nicht an sich behindert oder psychisch auffällig ist, sondern erst behindert und psychisch auffällig wird. Dieser Prozess des „Behindert-und-psychisch-auffällig-Werdens" ist zentraler Gegenstand dieses diagnostischen Verfahrens.

Rehistorisierende Diagnostik basiert auf der Erkenntnis des sozialen Ursprungs der Entwicklung des Psychischen sowie der Persönlichkeit eines Menschen: In dem Verhältnis zur Welt und zum Menschen ereignet sich die Herausbildung des Psychischen und die Entwicklung der Persönlichkeit – sowohl im positiven als auch im negativen Sinne. Die Möglichkeit der Entwicklung eines Menschen beginnt mit seiner Geburt und endet mit seinem Tode. Ob ein Mensch sich entwickelt, hängt nicht nur von ihm ab, sondern auch davon, ob ihm in seinem Verhältnis zur Welt und zum Menschen die Bedingungen und Voraussetzungen dafür eingeräumt werden. Das gilt für alle Menschen gleichermaßen.

Ein Mensch ist nie und zu keiner Zeit in seinem „Dasein" auf sein „Sosein" zu fixieren. Das Sein und Werden eines Menschen sind stets ein Spiegelbild seiner Verhältnisse zum Menschen und zur Welt, die wiederum bestimmten Bedingungen unterliegen. Jeder Mensch kann sich in seinem Verhältnis zur Welt und zum Menschen nur mit den Mitteln entwickeln, die ihm zur Verfügung stehen bzw. die ihm zugestanden werden. Auch dies ist für alle Menschen gleich.

Die Mittel, die Welt und sich selbst wahrzunehmen, zu denken und zu handeln, sind keinesfalls ein für allemal festgelegt, sondern sie unterliegen selbst einer ständigen Veränderung. Diese Veränderungen sind wiederum abhängig davon, was für Erfahrungen ein Mensch in seinem Leben machen und welche Erkenntniss er zu gewinnen vermag, d. h. was diesem Menschen angeboten und ermöglicht wird zu lernen. Dies gilt ebenfalls für alle Menschen, d. h. unabhängig vom Schweregrad einer Beeinträchtigung eines Menschen, ist dieser Mensch als Mensch zu betrachten. Seine Beeinträchtigungen sind als seine Möglichkeit zu beschreiben, mittels derer er sich zum Menschen und zur Welt in Beziehung zu setzen vermag. Die Entwicklung und Entfaltung seiner Möglichkeiten hängt insofern nicht nur von ihm ab, sondern von seiner sozialen Entwicklungssituation: Die Entwicklung eines Menschen wird maßgeblich darüber bestimmt, inwieweit ihm in seinem Verhältnis zur Welt und zum Menschen gewisse Entwicklungspotenziale überhaupt zugestanden werden.

„Behinderung ist Ausdruck der Kompetenz eines Menschen, unter seinen je spezifischen Ausgangs- und Randbedingungen, ein menschliches Leben zu führen."
(Feuser 2005, S. 282)

Demnach liegen in dem Verhältnis des Menschen zur Welt und zum Menschen die Prozesse der Behinderung und der psychischen Belastungen einer Person begründet. Behinderung ist damit der Ausdruck dessen, wie mit dem Anderssein eines Menschen umgegangen wird. Die Behinderung erklärt sich aus der Nichtteilhabe bzw. aus der fehlenden Partizipation am gesellschaftlichen Sein eines Menschen, die es zu entschlüsseln gilt.

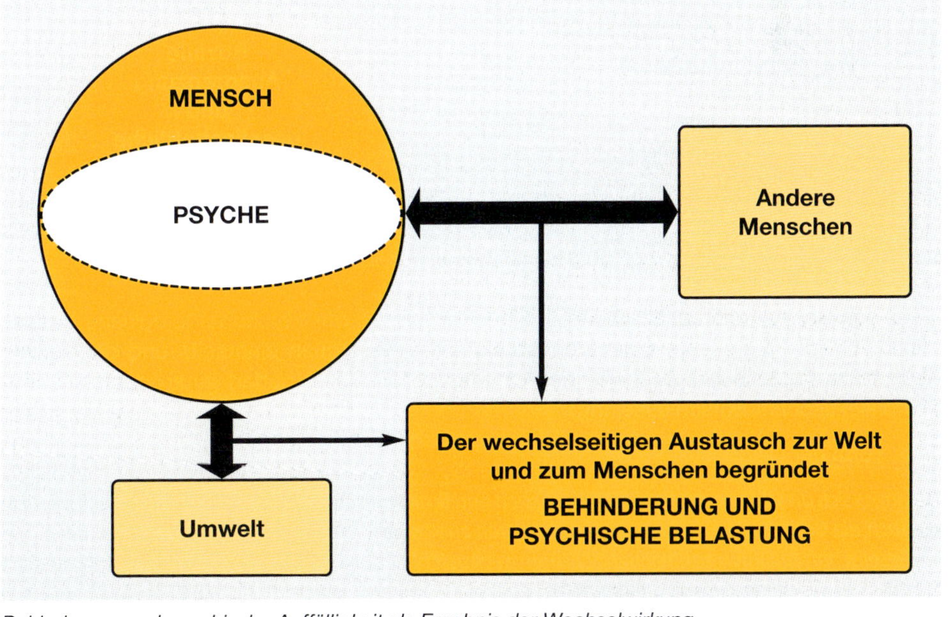

Behinderung und psychische Auffälligkeit als Ergebnis der Wechselwirkung

Rehistorisierung bedeutet vor diesem Hintergrund in der Diagnostik den Prozess, d. h. der Herausbildung der Behinderung bzw. der psychisch auffallenden Handlungen eines Menschen in seinem Verhältnis zur Welt und zum Menschen zu rekonstruieren. Und zwar unter besonderer Berücksichtigung von behindernden Verhältnissen.

Um den als behindert und/oder psychisch krank bezeichneten Menschen wieder als einen Menschen mit einer Lebensgeschichte unter konkreten gesellschaftlichen Bedingungen zu begreifen, bedarf es einer Entschlüsselung seiner Realität, d. h. seiner Wirklichkeit. Diese Entschlüsselung im Sinne von „entziffern" ist für die rehistorisierende Diagnostik von zentraler Bedeutung; Sie nimmt in diesem Punkt Bezug auf die Annahmen von Basaglia.

Vor dem Hintergrund seiner Tätigkeit als Psychiater zieht Basaglia (1974) die Schlussfolgerung, dass die Betroffenen durch die psychatrische Diagnostik ettikettiert und stigmatisiert werden über die hinaus es keine Möglichkeit der Aktion oder Annäherung gibt (vgl. S. 7).

„Wenn tatsächlich der Kranke (der Behinderte W.L.) die einzige Realität ist, auf die wir uns zu beziehen haben, dann müssen wir uns eben mit beiden Seiten der Realität befassen: mit der, dass er ein Kranker (ein Behinderter W. L.) mit einer […] psychopathologischen Problematik ist, und mit der anderen, dass er ein Ausgeschlossener ist, ein gesellschaftlich Gebrandmarkter."
(Basaglia 1974, S. 15)

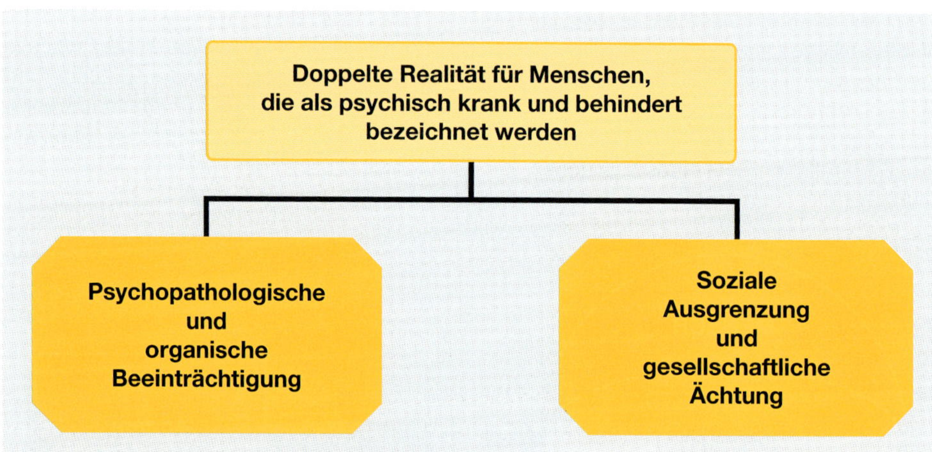

Doppelte Realität der als psychisch krank und behindert bezeichneten Menschen

Diese von Basaglia herausgearbeitete doppelte Realität, die psychopathologische Problematik bzw. die organische Beeinträchtigung eines Menschen einerseits und der soziale Ausschluss und die gesellschaftliche Ächtung andererseits, bedarf einer ideologischen* und dialektischen* Entschlüsselung.

Jede Form der Diagnostik, so Basaglia,

„muss sich diese doppelte Realität – Krankheit und Brandmarkung – vor Augen halten, um nach und nach die Gestalt des Kranken so rekonstruieren zu können, wie sie gewesen sein musste, bevor die Gesellschaft mit ihren zahlreichen Schritten der Ausschließung und der von ihr erfundenen Anstalten mit ihrer negativen Gewalt auf ihn einwirkte."
(Basaglia 1974, S. 15)

Die Entschlüsselung dieser doppelten Realität im diagnostischen Prozess bedeutet:

- Die Lebenssituation einer Person wird nicht nur unter dem Vorrang des so genannten „Defektes“ gesehen, sondern als eine Möglichkeit des menschlichen Seins (= ideologische Entschlüsselung).
- Gleichermaßen wird der so genannte „Defekt“ nicht mehr als Ausgangspunkt des Prozesses der Behinderung eines Menschen betrachtet, sondern als das Ergebnis seiner Entwicklung unter den ihm gewährten sozialen Entwicklungsbedingungen (= dialektische Entschlüsselung).

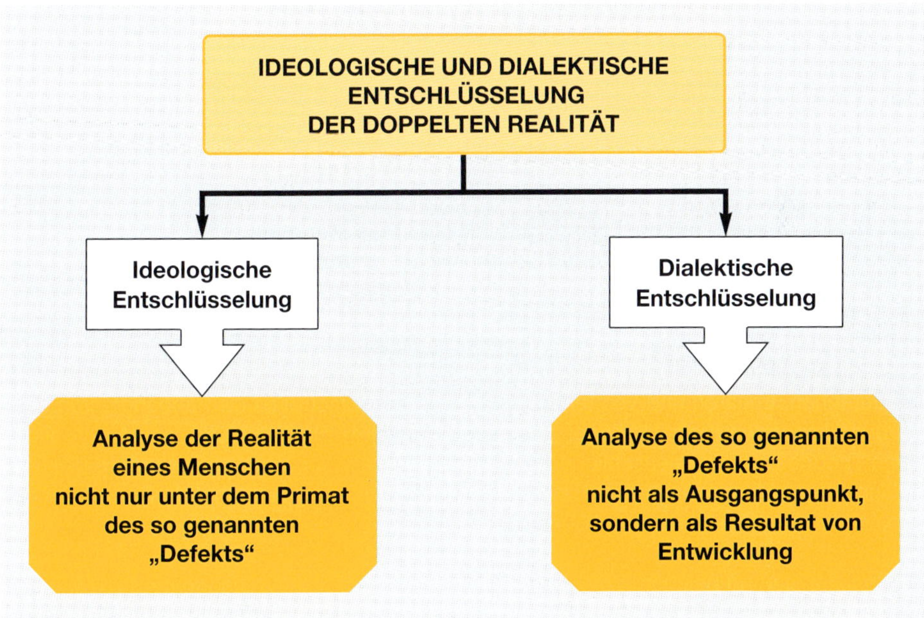

Ideologische und dialektische Entschlüsselung im diagnostischen Prozess

Die dialektische und ideologische Entschlüsselung der doppelten Realität ist ein wesentlicher Bestandteil des diagnostischen Verfahrens, in dessen Mittelpunkt die Rehistorisierung der Betroffenen steht. Entsprechend richtet sich der diagnostische Blick nicht mehr nur auf das, was eine Person nicht zu leisten im Stande ist. Vor dem Hintergrund der Analyse des bisherigen Verlaufs ihrer Persönlichkeitsentwicklung werden gezielt und systematisch Daten und Informationen erhoben und gesammelt, um den Prozess der Behinderung zu erklären und in der Folge als das logische Ergebnis ihrer Entwicklung unter den für sie gegebenen Bedingungen zu verstehen. Damit ist das Kerngerüst des wissenschaftstheoretischen Bezugsrahmens der rehistorisierenden Diagnostik in groben Zügen skizziert.

Rehistorisierung als diagnostisches Verfahren ist auf Erklärungswissen angewiesen. Der Aufbau dieses Erklärungswissens ist wiederum abhängig von den diagnostisch tätigen Personen, d. h. von ihren Einsichten, Annahmen und Überlegungen bezüglich der Lebenssituation von Menschen, die als behindert bezeichnet werden. Es ist also abhängig von den ihrem diagnostischen Handeln zugrunde liegenden Kategorien, die als Denkwerkzeuge die Interpretation und Deutung der diagnostischen Informationen und Daten bestimmen.

6.3 Erklären und Verstehen rehistorisierender Diagnostik

Sowohl für den Prozess der Rehistorisierung als auch für die Deutung und Interpretation der diagnostisch gewonnenen Informationen und Daten sind Erklärungen nötig. Die Rekonstruktion der Entwicklungsgeschichte eines Menschen fordert eine Theorie der denkbaren Entwicklungsgeschichte eben dieses Menschen.

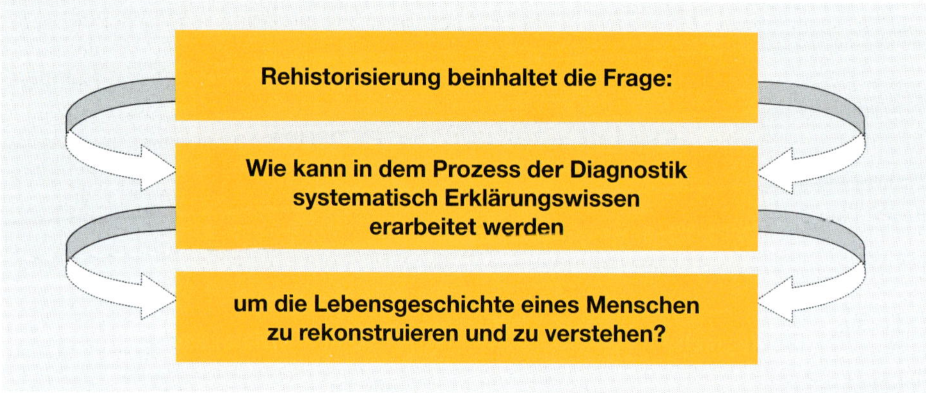

Erklärungswissen in dem Prozess der rehistorisierenden Diagnostik

Das Erkennen, Erklären und Verstehen einer Lebensgeschichte ist also abhängig von dem zugrunde liegenden Klassifikationssystem (vgl. Kapitel 4). Das bedeutet, es ist eine allgemeine Theorie über die menschliche Entwicklung erforderlich, um das Besondere der Entwicklung eines Menschen in dem Prozess der Rehistorisierung zunächst denken und in der Folge erklären und verstehen zu können.

Die Rehistorisierung beinhaltet die Frage, wie in dem Prozess der Diagnostik systematisch Erklärungswissen aufgebaut werden kann, das es ermöglicht, die Entwicklung eines Menschen zu rekonstruieren und zu verstehen. Grundsätzlich wird dabei die Beeinträchtigung eines Menschen nicht als etwas „Pathologisches", d. h. nicht als „Defekt" im Sinne des medizinischen Modells verstanden. Behinderung und psychische Auffälligkeiten sind eine Möglichkeit des menschlichen Seins. Auf der Grundlage der Normalität der Verschiedenheit ist es in diesem Verständnis normal nichtbehindert zu sein, sowie es ebenso normal ist behindert zu sein (vgl. Feuser 2005, S. 282 f.).

Die Beeinträchtigung eines Menschen ist als Bedingung im Mensch-Umwelt-Verhältnis zu begreifen und beschreibt in diesem Verständnis den Möglichkeitsraum seiner Entwicklung, dessen Entfaltung aber davon abhängt, unter welchen Bedingungen und Voraussetzungen die Wechselwirkungsprozesse vollzogen werden.

Beispielsweise kann Blindheit oder Gehörlosigkeit das Verhältnis zu den Menschen und zur Welt auf spezifische Weise ändern, so dass Problemwirklichkeiten geschaffen werden, innerhalb derer die Dialoge, die Kommunikation und die Interaktion zwischen den Beteiligten nicht mehr gelingen. Unter diesen veränderten sozialen Entwicklungsbedingungen vollzieht sich die Entwicklung des Menschen, die Entwicklung des Psychischen, die sich nach außen u. U. als Behinderung bzw. als psychische Auffälligkeit äußert.

So verstanden analysiert Diagnostik die veränderten Bedingungen des Mensch-Umwelt-Verhältnisses bzw. die ökologische Situation und fragt:

- Was bedeutet es unter den Bedingungen einer hirnorganischen Beeinträchtigung zu leben?
- Welche Auswirkungen hat die Beeinträchtigung auf die Entwicklung der Persönlichkeit?

Vor dem Hintergrund des Erkennens und Erklärens der individuellen Ausgangsbedingungen der Entwicklung eines Menschen stellt sich damit die Frage, wie sich diese Möglichkeit des menschlichen Seins auf die Randbedingungen auswirkt, inwiefern die Randbedingungen dadurch verändert werden. Es ist zu hinterfragen, inwieweit das soziale Umfeld eines Menschen mit körperlichen und/oder emotional und kognitiven Beeinträchtigungen auf eben diese spezifischen Lebensbedingungen eingeht. Erfährt dieser Mensch in seiner Lebenswirklichkeit eine Bestätigung, werden ihm die Bedingungen und Voraussetzungen eingeräumt, so dass er sich mit seinen Mitteln entwickeln kann? Wird ihm überhaupt aufgrund der Schwere seiner Beeinträchtigung eine Entwicklungsfähigkeit zugestanden?

Werden diesem Menschen prinzipiell die Bedingungen und Voraussetzungen zur Teilhabe am sozialen Leben eingeräumt? Und wie wirkt sich schließlich diese soziale Situation, d. h. die Art und Weise, wie mit diesem Menschen umgegangen wird, auf seine Persönlichkeitsentwicklung aus?

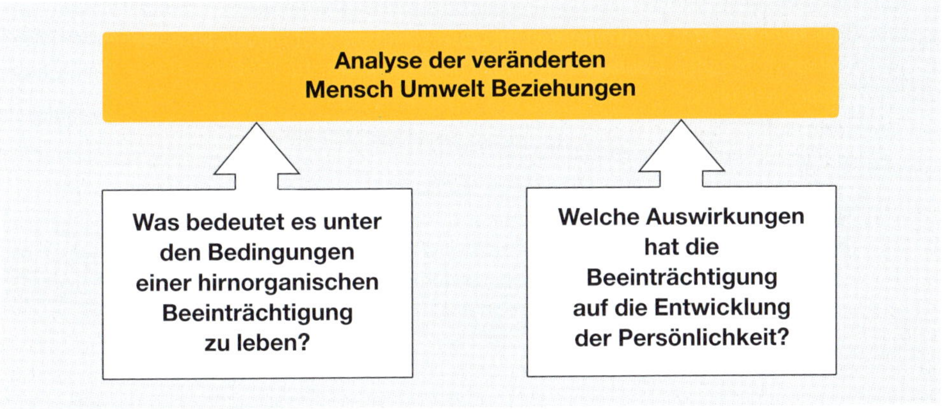

Diagnostische Analyse der veränderten Mensch-Umwelt-Beziehungen

Rehistorisierende Diagnostik hat also nicht in erster Linie die Beeinträchtigung eines Menschen zum Gegenstand, sondern vor allem die Auswirkungen dieser Beeinträchtigung auf die soziale Entwicklungssituation und in der Folge auf die Entwicklung der Persönlichkeit dieses Menschen.

Rehistorisierende Diagnostik fragt: Welcher Art ist die veränderte Ausgangssituation im Verhältnis zu den Menschen und zur Welt? Die Beantwortung dieser Frage erfolgt über die so genannte Syndromanalyse (vgl. Jantzen 1994a, S. 125-158; Lurija 1992, S. 34-38).

Der Begriff „Syndromanalyse" geht auf den Neuropsychologen Lurija (1992) zurück. Ein Syndrom setzt sich aus Symptomen zusammen. Ein Symptom ist ein Anzeichen, ein Merkmal.

Im medizinischen Sinne sind z. B. eine rötliche Verfärbung der Haut und ihre Erwärmung Symptome, die auf eine Entzündung der Haut hinweisen. Ebenso sind Unaufmerksamkeit (Aufmerksamkeitsstörung, Ablenkbarkeit), Überaktivität (Hyperaktivität, motorische Unruhe), Impulsivität usw. Symptome, die mit dem Hyperkinetischen Syndrom in Zusammenhang gebracht werden. Die folgenden Aussagen von Personen, bei denen eine Beeinträchtigung ihrer Wahrnehmung vorliegt, veranschaulichen Symptome, die mit dem Syndrom Autismus in Zusammenhang stehen.

Beispiele

- *„Wenn ich unter der Klingel sitze, ist sie viel zu laut. Als ich vor kurzem unter der Klingel saß und meine Schuhe angezogen habe, hat jemand geklingelt. Ich habe von dem lauten Geräusch ein scheußliches Gefühl bekommen, so als ob ich schreiend wegrennen müsste, um das Gefühl wieder loszuwerden."*
  (Niess 2000, S. 292)

- *„Auch beim Trinken habe ich Schwierigkeiten. Meistens nehme ich einen Schluck in den Mund, tue ihn in die Backen und schlucke ihn dann hinunter. Oft läuft das Getränk aus dem Glas neben meinem Mund herunter."*
  (Niess 2000, S. 297 f.)

- *„Es hat Zeiten gegeben, da wusste ich gar nicht, wo ich anfing und wo ich aufhörte. Ich spürte keine Begrenzungen. Das aber bedeutete, dass ich keine Person sein konnte. Ich hatte kein Ich, keine Identität. Manchmal kommt dieser schlimme Zustand wieder, bei schlechten Wetterkonstellationen. Dann spüre ich mich nicht mehr, was zur Folge hat, dass ich keine Kontrolle mehr habe."*
  (Zöller 2001, S. 91)

- *„Ich spüre, was man über mich denkt und möchte am liebsten in einem Mauseloch verschwinden. Meine Gefühle bleiben nämlich normal, auch wenn sonst nichts mehr zu gehen scheint. Ich empfinde Scham und Abscheu vor mir selbst überdeutlich. Auch nehme ich die Empfindungen derer, die mich betreuen, wahr. Ich habe darum gern Menschen um mich, die cool bleiben. Das ertrage ich leichter als Angst, Panik, Trauer, Verzweifelung."*
  (Zöller 2001, S. 141)

Die Syndromanalyse wurde von Lurija als methodische Grundlage seiner neuropsychologischen Forschungen entwickelt. Sie beginnt mit der gezielten und systematischen Beschreibung eines zu beobachtenden Symptomkomplexes. Dabei wird das Ziel verfolgt

- aufbauend auf der systematischen Beschreibung und
- unter besonderer Berücksichtigung der anatomischen*, physiologischen und biographischen Daten und Informationen über eine Person,
- zu einem Verständnis der Funktionalität der Symptome hinsichtlich bestimmter neurobiologischer, psychosozialer Bedingungen zu gelangen,
- unter denen das Syndrom hervortritt bzw. auffällig wird.

Es geht also darum zu erkennen und zu erklären, wie eine Person vor dem Hintergrund ihrer individuellen Ausgangsbedingungen (wie beispielsweise funktionelle Wahrnehmungsbeinträchtigungen) im Verhältnis zu ihren Randbedingungen Symptome zeigt, die als Ergebnis ihrer Auseinandersetzung mit der Wirklichkeit bewertet werden und unter bestimmten Bedingungen im sozialen Umfeld zu der Herausbildung eines Syndroms führen können.

Um diese o. a. schwierigen und problematischen Lebensbedingungen der Betroffenen diagnostisch zu erklären und zu verstehen, bedarf es der Kategorie „Isolation“ (vgl. Jantzen 1987, Kapitel 6). Isolation stellt das „Denkwerkzeug“ dar, das es ermöglicht, diese spezifischen Lebenssituationen zu erfassen.

Isolation beinhaltet im weitesten Sinne

- Beeinträchtigungen der Austauschmöglichkeiten eines Menschen mit seiner Umwelt,
- die sich nachteilig auf die Persönlichkeitsentwicklung eines Menschen auswirken können.

Isolation ist damit als Ausdruck unangemessener Lebens- und Tätigkeitsbedingungen zu verstehen, also als Ausdruck von Bedingungen, die die Entwicklung beeinträchtigen. Isolation ist das Gegenteil von Partizipation, von Teilhabe und bedeutet Ausschluss. Dabei ist zu unterscheiden zwischen inneren und äußeren isolierenden Bedingungen. Innere isolierende Bedingungen können sich aus den individuellen Ausgangsbedingungen der Entwicklung einer Person ergeben (z. B. die Beeinträchtigung der Wahrnehmungstätigkeit). Äußere isolierende Bedingungen stehen in Zusammenhang mit den Randbedingungen (z. B. wenn das soziale Umfeld nicht in Beziehung treten kann zu den angeführten Personen, da keine Erklärung und kein Verständnis bezüglich ihrer spezifischen Lebensbedingungen vorliegt.

Aufgrund dieser inneren und äußeren isolierenden Bedingungen kann es zu einer Veränderung der sozialen Entwicklungssituation kommen.

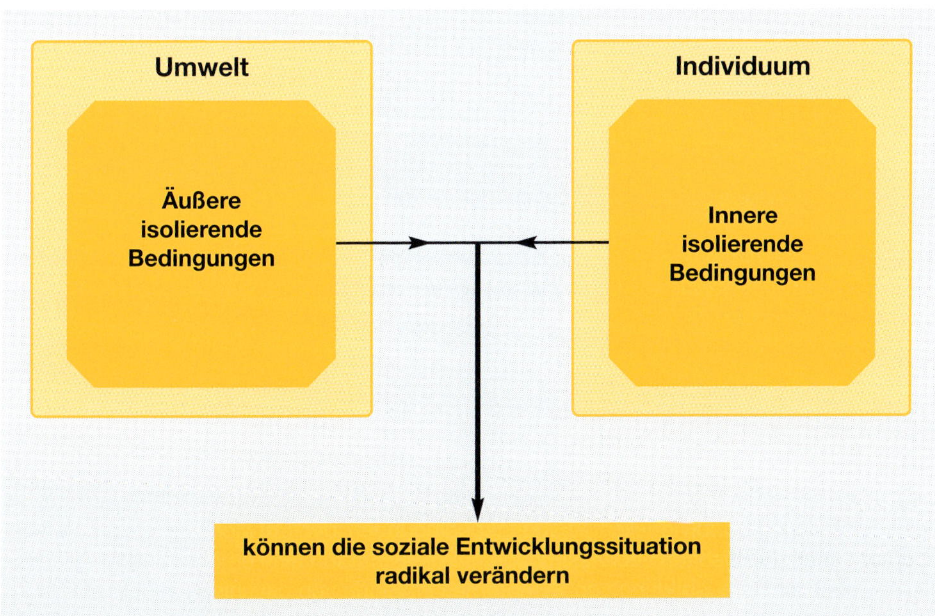

Der Einfluss der inneren und äußeren isolierenden Bedingungen auf die soziale Entwicklungssituation

Isolation als Ausdruck inadäquater Lebensbedingungen kann zur Überschreitung der Stabilitätsgrenze eines Menschen führen, die durch äußere und innere Bedingungen hervorgerufen werden kann und im Ergebnis dazu führt, dass das jeweils individualgeschichtlich höchst mögliche Niveau nicht erreicht werden kann. Das Überschreiten der Stabilitätsgrenzen beinhaltet, dass ein Mensch aufgrund von isolierenden Bedingungen vor dem Hintergrund seiner bisherigen Lebenserfahrungen keinen korrigierenden und regulierenden Einfluss auf diese Bedingungen auszuüben vermag. Damit ist dieser Menschen diesen Bedingungen hilflos ausgeliefert.Je nachdem

- zu welchem Zeitpunkt,
- von welcher Art und
- mit welcher Intensität die Isolation eintritt,
- von welcher Dauer sie ist und
- wie die Persönlichkeitsentwicklung bis zu dem Eintritt der Bedingungen der Isolation, verlaufen ist (Biographie)
- kann eine bestimmte Form der Behinderung bzw. psychischen Auffälligkeit eines Menschen eintreten, die dann von außen beobachtet werden kann (vgl. Feuser 1984, S. 103).

Die Personen, die beispielsweise unter den Bedingungen einer Wahrnehmungsbeeinträchtigung leben, entwickeln Symptome aufgrund der wechselseitigen Auseinandersetzung mit ihrer Wirklichkeit.

Die Symptome haben damit eine Anpassungsfunktion:

> *„Angst, Depressivität oder Verhaltensauffälligkeiten sind nicht nur das Ergebnis eines Scheitern bisheriger Anpassungsversuche, sondern haben auch den Sinn, das Individuum in seiner Lebenssituation möglichst zu stabilisieren."*
> *(Resch 1999, S. 49)*

Liegt also bei einer Person hirnorganisch eine Wahrnehmungsbeeinträchtigung vor, so beschreibt dies die individuellen Ausgangsbedingungen der Entwicklung dieser Person. Aufgrund ihrer spezifischen Lebenssituation hat diese Person eine erhöhte Empfänglichkeit (Disposition) zur Herausbildung von Symptomen im Sinne von psychisch auffälligen Handlungen. Das bedeutet aber keineswegs, dass es zwangsläufig dazu kommen muss, vielmehr werden diese psychischen Auffälligkeiten durch die isolierenden Bedingungen ausgelöst.

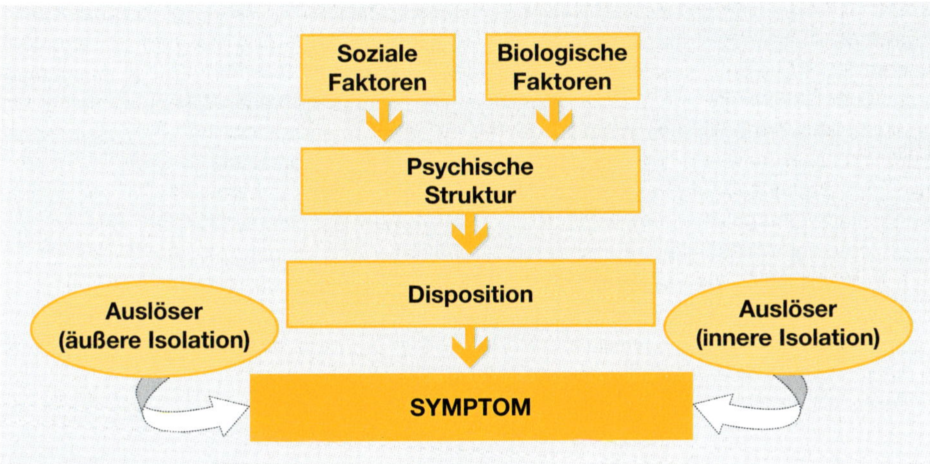

Entwicklung der Symptombildung (nach Resch 1999, S. 57)

Das Syndrom „Autismus“ entwickelt sich allerdings nicht aus einem Symptom allein, sondern aus dem Wechselverhältnis zwischen den Ausgangsbedingungen der Entwicklung einer Person und ihren Randbedingungen, d. h. aus dem Wechselverhältnis zwischen Anpassungsnotwendigkeiten (aufgrund der isolierenden Bedingungen) und den Anpassungsmöglichkeiten (Ressourcen), d. h. den Mitteln, über die eine Person verfügt bzw. die sie sich im Verlauf ihres bisherigen Lebens erschlossen hat. Das Syndrom Autismus erklärt sich dabei eben nicht durch das Anderssein eines Menschen, sondern durch die Entwicklungsbeeinträchtigungen und Einschränkungen der aktiven Teilnahme, die Ausdruck und Folge gestörter bzw. behindernder Verhältnisse sind: Ein Mensch ist nicht von Geburt an autistisch, er kann aufgrund von isolierenden Bedingungen im Verlauf seiner Entwicklung autistisch werden.

Damit wird der so genannten defizitären Sichtweise von Syndromen als Ausfall, Fehler oder sonst wie pathologisches Geschehen eine neuropsychologische Auffassung von Schwierigkeiten und Problemen im Anpassungsprozess einer Person vor dem Hintergrund ihrer Ausgangs- und Randbedingungen gegenübergestellt. Innerhalb der Syndromanalyse wird insofern nicht der Ausfall von Hirnfunktionen als Ursache für das Auftreten eines bestimmten Symptomkomplexes angenommen, sondern eine veränderte Form ihres Zusammenspiels als Ergebnis der Wechselbeziehungen zwischen Individuum und Umwelt.

Die Frage nach dem Syndrom ist als Schlüssel zu einem Neubegreifen der Lebensgeschichte eines Menschen zu verstehen, da durch das Syndrom die Beziehungen zu den Menschen und der Welt, also die sozialen Entwicklungssituationen grundlegend verändert werden.

Syndromanalyse hat den Kern der Beeinträchtigung zu bestimmen und fragt, welcher Art die veränderte Ausgangssituation im Verhältnis zu den Menschen und zur Welt ist. In einem zweiten Schritt versetzt der Prozess der Syndromanalyse das Syndrom an den Ausgangspunkt einer Geschichte und er öffnet damit den Weg für das Verstehen. Die Entschlüsselung des Syndroms ermöglicht es in der Folge, die Bereiche im pädagogischen Prozess bestimmen zu können, in denen Dialog und Kommunikation sinnvoll anzusetzen sind.

Durch diese Entschlüsselung wird eine vorher fremde Geschichte zu einer besonderen Geschichte von Menschsein, die auch die eigene hätte sein können.

„Aus dem Prozess des Erklärens heraus entwickelt sich der Akt des Verstehens [...]. Das vorher Unverstandene wird nun Ausdruck einer Geschichte, die meine hätte sein können. Und ich weiß nicht, ob unter vergleichbaren Umständen ich es besser gemacht hätte."
(Jantzen 2003, S. 99 f.)

Zusammenfassung

Die rehistorisierende Diagnostik versucht einen systematischen Weg einer Diagnostik aufzuzeigen, indem die Handlungen und Tätigkeiten eines Menschen als subjektiv sinnvoll aus seiner Lebensgeschichte heraus erklärt und verstanden werden.

Die rehistorisierende Diagnostik geht von den Annahmen aus, dass die psychischen Merkmale eines Menschen ihrem Ursprung nach nicht biologischer, sondern sozialer Natur sind. Dies bezieht sich auf jeden Menschen, unabhängig ob er als behindert bezeichnet wird oder psychisch auffällig ist. Die psychischen Funktionen und die Entwicklung der Persönlichkeit eines Menschen entstehen in und durch die Wechselwirkung zur Welt und zum Menschen unter den jeweils gewährten sozialen Entwicklungsbedingungen.

Mittels der verschiedenen Möglichkeiten der diagnostischen Datenerhebung über einen Menschen, die jeweils auf seine Lebensgeschichte zurückbezogen werden, erfolgt im Prozess der Rehistorisierung der Aufbau von Erklärungswissen. Ein Wissen, das sich aus den erhobenen daten speist und mit dessen Hilfe das Besondere eines Menschen im Spiegel seiner Lebensgeschichte erklärt werden kann. Die Basis dieses Wissens liegt in den wissenschaftstheoretischen Grundlagen.

ERKLÄRUNGSWISSEN

IDEOLOGISCHE ENTSCHLÜSSELUNG

- Nicht der so genannte „Defekt“, sondern das Subjekt in seinen Austauschverhältnissen steht im Vordergrund
- „Unverständliche“ Handlungsmuster erklären sich aus der sozialen Entwicklungssituation, aus den Randbedingungen
- Entschlüsselung der sozialen Entwicklungssituation

DIALEKTISCHE ENTSCHLÜSSELUNG

- „Behinderung” ist nicht Ausgangspunkt, sondern Resultat der Entwicklung
- Klärung der Auswirkung der Beeinträchtigung auf die soziale Entwicklungssituation und auf die Persönlichkeitsentwicklung

↓

VERSTEHEN

Das vorher Unverstandene wird Ausdruck einer Geschichte, die die eigene hätte sein können.

Auf dem Fundament des Erklärungswissens als einen Weg des Denkens, des Erkennens und des Erklärens der besonderen Lebenssituation eines Menschen, entwickelt sich das Verstehen. Dieser Prozess des Erklärens der spezifischen Lebenssituation eines Menschen aus dem Blickwinkel seiner Biographie ermöglicht es den Lebensweg eines Menschen in der Diagnostik nachzuvollziehen und seine besondere Situation nicht nur begründen zu können, sondern sie so zu verstehen, als wenn sie auch die eigene hätte sein können. Damit werden die Voraussetzungen für die pädagogische Begegnung geschaffen, mit dem Ziel diesen Menschen die Unterstützungen zu gewähren, derer er bedarf, so dass über die Lebensbegleitung seine Teilhabe am Leben in der Gemeinschaft verwirklicht werden kann.

Aufgaben

1. Erklären Sie den Begriff der Rehistorisierung.
2. Was verstehen Sie unter der doppelten Realität eines Menschen, der als behindert bezeichnet wird?
3. Erläutern Sie die ideologische Entschlüsselung im Prozess der rehistorisierenden Diagnostik.
4. Erläutern Sie die dialektische Entschlüsselung im Prozess der rehistorisierenden Diagnostik.
5. Was ist ein Symptom?
6. Was ist ein Syndrom?
7. Was kennzeichnet den Prozess der Syndromanalyse in der rehistorisierenden Diagnostik?

Vertiefung und Anwendung des Erlernten

Stellen Sie sich der Aufgabe, eine behinderte Person über die Methode der Rehistorisierung zu diagnostizieren:

- *Wie gehen Sie vor?*
- *Auf welche Art und Weise verschaffen Sie sich Daten und Informationen über die Person?*
- *Wie klären Sie die individuellen Ausgangsbedingungen der Entwicklung dieser Person?*
- *Wie erfassen Sie ihre Randbedingungen?*
- *Wie gestalten Sie den diagnostischen Prozess der ideologischen Entschlüsselung der Lebenssituation der Person?*
- *Wie gestalten Sie den diagnostischen Prozess der dialektischen Entschlüsselung?*
- *Auf welche Art und Weise bewältigen Sie die Syndromanalyse für diese Person?*
- *Wie gestalten Sie die Erarbeitung von Erklärungswissen?*
- *Zu welchen diagnostischen Ergebnissen kommen Sie?*
- *Sind diese Ergebnisse dazu geeignet, dass die Lebenssituation der Person auf der Grundlage Ihrer Resultate erklärbar und verstehbar werden?*
- *Welche Konsequenzen ergeben sich daraus für die pädagogische Gestaltung der Lebensbegleitung für diese Person?*

Stellen Sie sich gegenseitig Ihre diagnostischen Ergebnisse vor und diskutieren Sie sie anschließend in der Klasse.

7 Das diagnostische Gutachten

„Wir halten es dagegen für unerlässlich, der Suche nach den positiven Zeichen den Vorrang zu geben, d. h. all das hervorzuheben, was das Kind tun kann, nicht aber der Suche nach seinen Defekten. Es soll Prognose statt Diagnose, der Förderung der Normalität statt der Behandlung der Krankheit der Vorrang gegeben werden."

(Milani-Comparetti 1982, S. 83)

- Was ist ein diagnostisches Gutachten?
- Welche Anforderungen werden an ein diagnostisches Gutachten gestellt?
- Wie ist ein diagnostisches Gutachten aufgebaut?
- Welche Abfolgen müssen in einem diagnostischen Gutachten eingehalten werden?

7.1 Allgemeine Aspekte eines diagnostischen Gutachtens

Vor dem Hintergrund der bisherigen Ausführungen soll abschließend das diagnostische Gutachten thematisiert werden. Dabei geht es darum, den erläuterten Prozess vom Erkennen zum Erklären zum Verstehen zum pädagogischen Handeln auf die Erstellung eines diagnostischen Gutachtens zu beziehen.

Was wird unter einem Gutachten verstanden? Nach Kubinger ist ein psychologisches Gutachten

> *„eine wissenschaftliche Leistung, die darin besteht, aufgrund wissenschaftlich anerkannter Methoden und Kriterien nach feststehenden Regeln der Gewinnung und Interpretation von Daten zu konkreten Fragestellungen Aussagen zu machen."*
> *(Kubinger 2003, S. 187)*

Diese Definition ist in vollem Umfang auf die Erstellung von diagnostischen Gutachten in der Heilpädagogik und Heilerziehungspflege zu übertragen, wobei der Schwerpunkt der Gutachtenerstellung häufig die Entwicklung einer behinderten Person ausmacht.

In den Arbeitsfeldern der Behindertenhilfe werden Gutachten häufig im Zusammenhang mit der Bewilligung der Unterstützungen für beeinträchtigte Personen vom Kostenträger der Hilfen gefordert. Ebenso können aber bestimmte Problemkonstellationen in der Lebenswirklichkeit von behinderten Personen zum Gegenstand eines diagnostischen Gutachtens werden. Auch in den so genannten Übergangsphasen im Leben einer behinderten Person kann ein Gutachten erforderlich sein, um z. B. den Wechsel vom Kindergarten in die Schule für diese Person adäquat zu gestalten.

Es gibt insofern unterschiedliche Anlässe und Umstände, die ein diagnostisches Gutachten erfordern. Grundsätzlich kann davon ausgegangen werden, dass ein diagnostisches Gutachten durch die folgende Abfolge gegliedert ist:

- Fragestellung,
- Vorgeschichte (Anamnese),
- gegenwärtige Ausgangs- und Randbedingungen,
- diagnostischer Befund,
- zusammenfassende Stellungnahme zur Ausgangsfrage,
- pädagogische oder therapeutische Empfehlungen.

Daraus ergeben sich für ein diagnostisches Gutachten folgende allgemeine Anforderungen:

- Klärung der diagnostischen Problem- bzw. Fragestellung,
- Auswahl der dafür erforderlichen diagnostischen Methoden und
- deren Anwendung bezogen auf die Problem- und Fragestellung,
- Beschreibung, Analyse und Bewertung der gewonnenen Daten und Informationen und
- die sich daraus ergebenden Empfehlungen im Hinblick auf die Lebensgestaltung der zu diagnostizierenden Person.

Ein Gutachten sollte dabei im zweifachen Sinn seiner Bezeichnung gerecht werden: Einerseits sollte das Gutachten ein Beleg dafür sein, dass „gut geachtet“ wurde auf die individuellen Besonderheiten einer Person zu einem bestimmten Zeitpunkt seiner Lebensgeschichte. Andererseits sollte es eine Bestandsaufnahme des „Guten“, d. h. der positiven Entwicklungsansätze sein (vgl. Kobi 2003, S. 55).

Um diesen Anspruch einlösen zu können, sollte ein Gutachten die Analyse der individuellen Ausgangsbedingungen einer Person im Verhältnis zu seiner sozialen Entwicklungssituation leisten. Damit verbunden ist die exakte Beobachtung und Beschreibung der Ausgangsbedingungen und Randbedingungen der Entwicklung einer Person im Spiegel seiner bisherigen Lebensgeschichte. Vor diesem Hintergrund erfolgt die Schilderung der aktuellen Handlungsfähigkeit einer Person in ihrem alltäglichen Lern- und Lebensumfeld, die Wygotski (1987, S. 80) als „aktuelle Zone der Entwicklung“ bezeichnet. Diese schließt eine Beschreibung, Analyse und Bewertung der Bedingungen ihrer derzeitigen regulären Lebensumstände ein. Dabei geht es insbesondere um das Erkennen, Erklären und Verstehen der Bedingungen, die unter den gegebenen Umständen die Entwicklung dieser Person hemmen, verunmöglichen oder gefährden.

Außerdem sollte das Gutachten Aussagen darüber machen, wie sich die Perspektive dieser Person gestaltet. Diese Erläuterungen zur Prognose beinhalten die Benennung bzw. die gutachterliche Empfehlung von pädagogischen Angeboten, die geeignet erscheinen, in der gemeinsamen pädagogischen Begegnung mit dieser Person, die nächsthöhere Stufe ihrer Persönlichkeitsentwicklung zu erreichen.

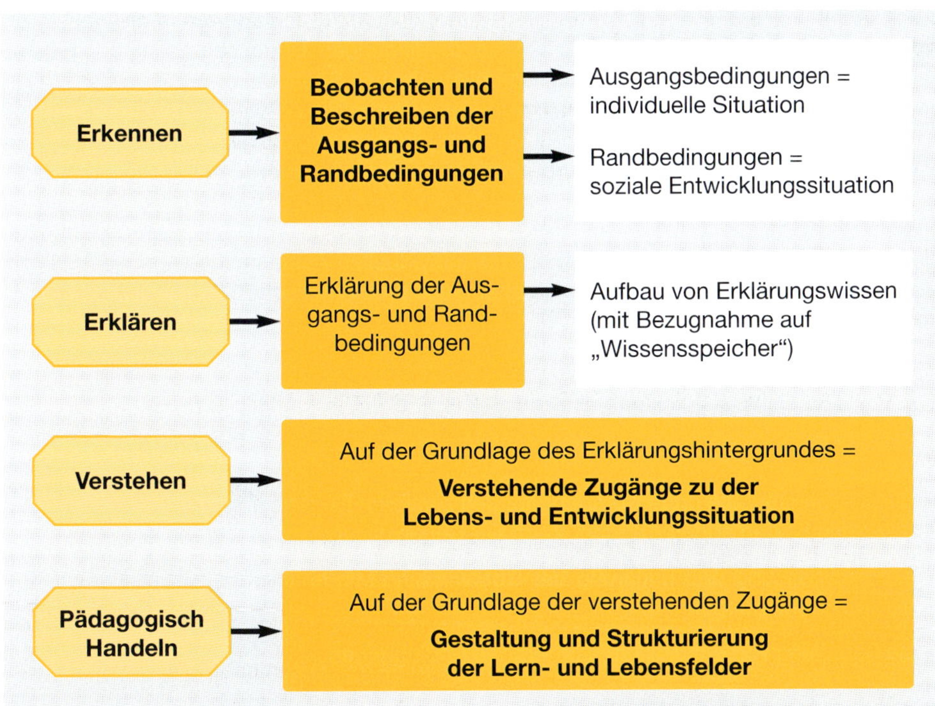

Abfolge des diagnostischen Gutachtens

Entsprechend verfolgt ein diagnostisches Gutachten im weitesten Sinne das Anliegen,

- den Ist-Zustand einer Person in der Perspektive ihrer zukünftigen Möglichkeiten und
- die dafür erforderlichen Voraussetzungen im Hinblick auf die Strukturierung ihrer Lern- und Lebensfelder

zu beschreiben.

Grundsätzlich sind bei Erstellung eines diagnostischen Gutachtens unbedingt alle beteiligten Personen in den diagnostischen Prozess mit einzubeziehen. Das bedeutet, das Gutachten ist allen Beteiligten zur Kenntnis zu bringen und oder mit ihnen abzusprechen, d. h. es ist mit der zu begutachtenden Person und mit ihrem sozialen Umfeld abzustimmen.

7.2 Konkrete Aspekte des diagnostischen Gutachtens

Im allgemeinsten Sinne kann ein diagnostisches Gutachten wahrgenommene Probleme aufgreifen, die die Entwicklung einer Person beeinträchtigen. In diesem Verständnis kann es das Ziel verfolgen, pädagogische Möglichkeiten aufzuzeigen, wie dieses Problem zu mindern oder zu überwinden ist (vgl. Kornmann 2003, S. 51).

Im Hinblick auf die Vorgehensweise sollte das Gutachten sich an einer „pädagogisch angemessenen Problemlösungsstruktur“ (vgl. Kornmann 2003, S. 51) orientieren. Dabei spielen nach Kornmann drei Komponenten eine wichtige Rolle.

Die erste Komponente bezieht sich auf die Randbedingungen. Die zu begutachtende Person befindet sich in einer mehr oder weniger problematischen Situation, die

- zu beschreiben und
- im Hinblick auf entwicklungsbehindernde und entwicklungsfördernde Bedingungen zu erklären ist.

Die zweite Komponente bezieht sich auf die individuellen Ausgangsbedingungen. Die zu begutachtende Person erlebt und verarbeitet diese problematische Situation in spezifisch, individueller Art und Weise, die ebenfalls

- zu beschreiben und
- im Hinblick auf entwicklungsbehindernde und entwicklungsfördernde Funktionen zu erklären ist.

Schließlich umfasst die dritte Komponente den zentralen Gegenstand des Gutachtens, der sich aus den beiden anderen erklärt. Zentraler Gegenstand des Gutachtens ist:

- die Beschreibung und Erklärung der Überwindung/Minderung der entwicklungsbehindernden Bedingungen sowie
- die Schaffung von entwicklungsfördernden Bedingungen.

Exakt hierin besteht die Problemstellung, an der sich alle Fragestellungen und Vorgehensweisen orientieren sollten.

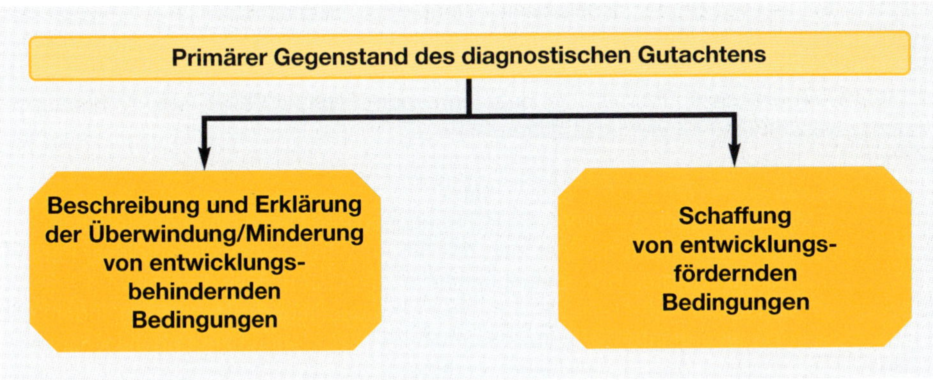

Zentraler Gegenstand des diagnostischen Gutachtens

Innerhalb der diagnostischen Phase des Erkennens steht das Sammeln und Ordnen der für das Gutachten bedeutsamen Informationen und Daten über die zu begutachtende Person im Vordergrund. Dies erfolgt über die in Kapitel 5 skizzierten Methoden. Welche Methoden herangezogen werden, hängt von den spezifischen, individuellen Erfordernissen der zu begutachtenden Person ab. Die Beantwortung der Frage, welche Informationen und Daten für die Beschreibung der entwicklungsbehindernden und entwicklungsfördernden Bedingungen dieser Person unerlässlich sind, entscheidet über die Wahl der Methode, d. h. wie in der erkennenden Phase vorzugehen ist.

Die in dieser Phase gewonnenen Informationen und Daten sollten eine Übersicht über die individuellen Ausgangs- und Randbedingungen der zu begutachtenden Person vor dem Hintergrund ihrer Lebensgeschichte geben, um ihre entwicklungsbehindernden und entwicklungsfördernden Bedingungen konkreter darstellen zu können. Es kann sich dabei um Informationen und Daten aus unterschiedlichen Quellen handeln, wie z. B.

- Daten aus Unterlagen (Informationen aus Dokumenten, die bereits über die zu begutachtende Person gesammelt wurden),
- Daten und Informationen, die von Drittpersonen übermittelt werden (in Form von Gesprächen mit Bezugspersonen, Eltern usw.),
- Daten und Informationen, die in den Gesprächen mit der zu begutachtenden Person selbst ermittelt werden,
- Daten aus Beobachtungen (während verschiedener Situationen in den Lern- und Lebensfeldern der zu begutachtenden Person).

Während der Phase des Erkennens werden selbstverständlich die Interaktions- und Kommunikationsprozesse der zu begutachtenden Person in ihrem sozialen Umfeld berücksichtigt.

Die sich anschließende Phase des Erklärens ist zunächst durch die Aus- und Bewertung der gewonnenen Informationen und Daten gekennzeichnet. Der Prozess der Aus- und Bewertung beinhaltet bereits die Erarbeitung von Erklärungswissen bezogen auf die entwicklungsfördernden und entwicklungshemmenden Bedingungen der zu begutachtenden Person.

Das bedeutet, aus den Daten und Informationen über die Person bildet sich eine Hypothese bzw. eine Vermutung, die im weiteren Verlauf begründet und geprüft werden muss. Die Begründung und Überprüfung dieser Vermutung erfolgt auf der Basis des Wissensspeichers (vgl. Kapitel 4), so dass über die zu begutachtende Person gezielt und systematisch Erklärungswissen erarbeit wird, das hilfreich und nützlich ist, die Vermutung zu bestätigen und damit zu belegen.

Durch das Erklärungswissen gewinnen die Informationen und Daten einen Aussagehalt, der es ermöglicht, vor dem Hintergrund der individuellen Ausgangsbedingungen dieser Person die Wechselwirkungen zu ihren Randbedingungen so zu erklären, dass deutlich wird, warum sie so ist, wie sie ist. Der Aufbau des Erklärungswissen bestätigt die Hypothese, indem die diagnostischen Daten und Informationen systematisch in Beziehung zur Lebensgeschichte der zu begutachtenden Person in Beziehung gebracht werden, d. h. sie werden entschlüsselt (vgl. dialektische und ideologische Entschlüsselung der doppelten Realität in Kapitel 6).

Damit ist die Grundlage dafür geschaffen, die entwicklungshemmenden und entwicklungsfördernden Bedingungen der betreffenden Person im Zusammenhang mit ihrem sozialen Umfeld sowie vor dem Hintergrund ihrer Lebensgeschichte zu erklären. Somit ist der Übergang geschaffen zur Entfaltung des Verständnisses, d. h. zur Phase des Verstehens.

Die diagnostischen Daten und Informationen ergeben durch das Erklärungswissen über diese Person einen Sinn. Indem die Informationen entschlüsselt werden, d. h. die betroffene Person in ihrer Wechselbeziehung zur Welt und zum Menschen erklärt wird, erschließt sich ihre spezifische Situation, die zuvor unklar war, als eine Lebensgesichte, die unter den ihr gewährten Bedingungen in sich stimmig erscheint. Diese spezifische Lebenssituation ist auf diese Weise nachvollzieh- und verstehbar. Das Gutachten deckt damit die Gründe auf, warum und weshalb die zu begutachtende Person unter Berücksichtigung ihrer Ausgangs- und Randbedingungen so handelt, wie sie handelt, und welche vorausgehenden Entwicklungen diesen Handlungen zugrunde liegen. Zuvor unverständliche Handlungen der person bekommen so einen subjektiven Sinn.

Auf dieser Grundlage wird für die pädagogische Lebensbegleitung der Bedarf dieser Person an Hilfen und Unterstützungen deutlich. Dies kennzeichnet die Phase des pädagogischen Handelns. Aus dem Gutachten sollte klar hervorgehen, welche entwicklungsfördernden Bedingungen und Voraussetzungen des Lern- und Lebensfeldes für diese Person pädagogisch zu gestalten und zu strukturieren sind.

Damit kann folgende grobe Gliederung des Gutachtens vorgeschlagen werden: Die Einleitung gibt

- die Gründe, Anlässe und Ziele des diagnostischen Gutachtens sowie
- eine Orientierung über die Vorgehensweise und den Aufbau.

Dem schließt sich die Beschreibung

- der konkreten Problem- und Fragestellung mit der entsprechenden Hypothesenbildung an und
- es erfolgt eine Erläuterung bezüglich der Entwicklung dieser Fragestellung und Hypothese.

Der Hauptteil des Gutachtens sollte beginnen mit einer Darstellung

- der bisherigen Entwicklung/Vorgeschichte der zu diagnostizierenden Person sowie
- ihrer aktuelle Situation (Ausgangs- und Randbedingungen) und sollte
- eine Erklärung der Schwierigkeiten, die Gegenstand des Gutachtens sind, unter Berücksichtigung der entwicklungsbeeinträchtigenden und im Hinblick auf die entwicklungsfördernden Bedingungen leisten.

Der Schwerpunkt liegt also nicht auf den so genannten „Defiziten“ der zu begutachtenden Person, sondern auf deren Entwicklungsmöglichkeiten.

Der mittlere Teil des Hauptteils umfasst

- die Schilderung der oben angeführten Phasen des Erklärens und des Verstehens, d. h.
- den Weg der Herleitung, Begründung und Überprüfung der Erklärung, warum die zu begutachtende Person so ist, wie sie ist,
- unter besonderer Berücksichtigung ihrer individuellen Ausgangsbedingungen in Wechselwirkung mit den Randbedingungen,
- so dass ihre Entwicklung unter diesen Bedingungen nachvollziehbar und verstehbar wird.

Der Hauptteil schließt

- mit der Zusammenfassung der diagnostischen Urteilsbildung und
- gibt Empfehlungen im Hinblick auf die pädagogische Gestaltung und Strukturierung der Lern- und Lebensfelder der Person im Sinne von entwicklungsfördernden Bedingungen.

Der Abschluss des Gutachtens

- zieht ein Resümee der wesentlichen Ergebnisse des Gutachtens einschließlich der Beantwortung der Fragestellung und der Bestätigung der Hypothese und
- fasst noch einmal zusammen, welche möglichen Konsequenzen sich aus der Überwindung und Minderung der entwicklungshemmenden Bedingung für die heilpädagogische Begegnungen ergeben.

Zur Kontrolle des abgefassten Gutachtens empfiehlt sich der folgende Leitfaden:

- Wird deutlich, welche beteiligten Personen welche Information über die entwicklungshemmenden und entwicklungsfördernden Bedingungen für die zu begutachtende Person liefern?
- Sind diese Informationen zu unterscheiden nach
  - beschreibenden,
  - erklärenden und
  - handlungsorientierten

  Gesichtspunkten?

- Ist die Zuverlässigkeit (Reliabilität) und Gültigkeit (Validität) dieser Informationen erkennbar?
- Wie wird in dem Gutachten mit diesen Informationen umgegangen?
  - Werden sie unreflektiert übernommen?
  - Werden sie nur dargestellt?
  - Werden sie dargestellt, überprüft und dann verarbeitet?
- Welche zusätzlichen Informationen liefert das Gutachten? Handelt es sich um zuverlässige und valide Informationen?
- Sind in dem Gutachten Verkürzungen festzustellen, indem bestimmte Informationen nicht angeführt und/oder bestimmte Zusammenhänge verkürzt und nicht systematisch hergeleitet, begründet und entsprechend geprüft wiedergegeben werden?
- Ist das Gutachten in seinen Aussagen eindeutig oder in sich widersprüchlich?
- Sind die erklärenden Ausführungen des Gutachtens und die Beschreibung der verstehenden Zugänge so aussagekräftig, dass sie Handlungsperspektiven für die Gestaltung der Lern- und Lebensfelder aufzeigen?

(vgl. Kornmann 2003, S. 53 f.)

Zusammenfassung

Das diagnostische Gutachten soll unter Einbeziehung der Ausgangs- und Randbedingungen der zu begutachtenden Person eine Analyse ihrer Lebensgeschichte leisten. Die Fragestellung bzw. die Problemlage eines diagnostischen Gutachtens wird unter Berücksichtigung der entwicklungseinschränkenden und im Hinblick auf die entwicklungsfördernden Bedingungen einer Person dargestellt und entfaltet.

In dem diagnostischen Gutachten vollziehen sich insofern die Übergänge vom Erkennen zum Erklären zum Verstehen zum pädagogischen Handeln. Damit ist nicht nur die Vorgehensweise eines diagnostischen Gutachtens umrissen, sondern auch seine inhaltliche Gliederung und sein Aufbau. Das diagnostische Gutachten bezieht sich nicht nur auf die zu begutachtende Person, sondern ebenso auf ihre soziale Entwicklungssituation dieses Menschen und deren Wechselbeziehungen. Vor diesem Hintergrund werden die Informationen und Daten über diese Person in dem diagnostischen Gutachten gezielt und systematisch bearbeitet und dargelegt.

Die Entwicklung der zu begutachtenden Person wird so dargestellt, dass diese im Zusammenhang mit ihren regulären Lern- und Lebensverhältnissen erklärbar und vor dem Hintergrund ihrer Lebensgeschichte nachvollzieh- und verstehbar wird. Diese Erarbeitung des Überganges vom Erklären zum Verstehen in dem diagnostischen Gutachten bildet die Grundlage für die inhaltliche Strukturierung und Gestaltung der heilpädagogischen Begegnung, die darauf ausgerichtet ist, die entwicklungshemmenden Lern- und Lebensbedingungen dieser Person so zu mindern, dass ihre weitere Entwicklung möglichst günstig zu beeinflussen ist.

Solange eine zu begutachtende Person und die bei ihr zu beobachtenden Handlungen unverständlich, scheinbar unbeeinflussbar und damit fremd und/oder bedrohlich erscheinen, kann sich kein pädagogischer Handlungsansatz entwickeln. Entsprechend sollte die Argumentationskette des diagnostischen Gutachtens in sich so schlüssig sein, dass durch die Erklärung der zunächst unbeeinflussbar erscheinenden Lebens- und Lernsituation einer Person verstehende Zugänge geschaffen werden. Diese sind als unabdingbare Voraussetzungen für die heilpädagogische Begegnung erforderlich.

Es geht also letztlich darum, aus der Entfernung wieder eine Nähe zu entwickeln und zwar mit dem Ziel, in der konkreten pädagogischen Begegnung Handlungsspielräume zu erarbeiten.

Aufgaben

1. Welche Aufgaben und Funktionen erfüllen diagnostische Gutachten in der Heilpädagogik und Heilerziehungspflege?
2. Wie sollte ein diagnostisches Gutachten aufgebaut sein?
3. Skizzieren Sie den Ablauf, wie in einem Gutachten vorgegangen werden sollte.
4. Erstellen Sie eine Checkliste, anhand derer Sie Ihr Vorgehen in einem diagnostischen Gutachten überprüfen können.
5. Was verstehen Sie unter einem aussagekräftigen diagnostischen Gutachten?

Vertiefung und Anwendung des Erlernten

Erstellen Sie alleine oder zu zweit ein diagnostisches Gutachten,

- *das sowohl den Ist-Zustand einer behinderten Person*
- *als auch die Perspektive ihrer zukünftigen Entwicklungsmöglichkeiten und die dafür erforderlichen Voraussetzungen in ihrer sozialen Umwelt beschreibt.*

Bedienen Sie sich dabei der Methode der rehistorisierenden Diagnostik.

Stellen Sie Ihr diagnostisches Gutachten in der Klasse vor und diskutieren Sie mit den Ihre Vorgehensweise und Ihre Argumentationskette.

Glossar

Affektiv . . . . Beschreibt einen Zustand hoher emotionaler Erregung, der das Handeln beeinflusst

Anamnese . . . . . . Vorgeschichte

Anatomisch . . . . . Die Form und den Aufbau des menschlichen Körpers betreffend

Biographie . . . . . . Lebensbeschreibung

Biologisch . . . . . . Die Biologie (= Wissenschaft vom Leben und den Gesetzmäßigkeiten im Ablauf des Lebens von Pflanze, Tier und Mensch) betreffend

Debilität . . . . Psychiatrische Diagnose für einen so genannten geistig behinderten Menschen, die in der Denktradition des „medizinischen Modells" steht und den „leichten Grad" der so genannten geistigen Behinderung bezeichnet

Defekt . . . . Schaden, Fehler

Defizit . . . . Mangel

Deprivation . . . . . Mangel an individualisierender Betreuung, d. h. allgemein ein Entzugs- und Mangelzustand

Devianz . . . . Abweichung

Dialektisch . . . . . . Ein aus der Philosophie stammender Begriff, der widersprüchliche Auffassungen und Meinungen miteinander verknüpft, um zu einem Wahrheitsgehalt zu kommen, in dem diese Widersprüche aufgehoben werden.

Dialog . . . . Ein Prozess zwischen zwei Menschen im Sinne einer Zwiesprache, der unter besonderer Berücksichtigung des Beziehungsaspektes zu verstehen ist

Dyade . . . . Der Begriff kommt ursprünglich aus dem Griechischen und bedeutet „Zweiheit" und bezieht sich u.a. auf die Beziehung im Verlauf der Individualentwicklung zwischen dem Kind und seiner primären Bezugsperson

Emotion . . . . Das Erleben oder das bewusste Empfinden des Gefühls

Entwicklungspsychologie . . . . . Wissenschaft von der Entwicklung des Menschen, die zeitliche Veränderungen im Verlauf der Lebensetappe zum Gegenstand hat und diese unter Berücksichtigung des Erlebens, Erkennens und Verhaltens betrachtet

Entwicklungspsychopathologie Untersucht einerseits die Einflüsse der Entwicklung eines Menschen auf die Herausbildung von psychopathologischen Symptomen und andererseits den Einfluss von psychopathologischen Symptomen auf die Entwicklung

Erethisch . . . . Erregbar, reizbar

Etikettieren ..... Mit einem Merkmal behaften

Gedächtnis ..... System zur Speicherung von Informationen im Gehirn; Bezeichnung für das „Einprägen" von Erfahrungen und die Leistungen des Behaltens, Erinnerns und Wiedererkennens

Hospitalismus ... Der Begriff Hospitalismus ist von René Spitz im Zusammenhang seiner entwicklungspsychologischen Studien entwickelt worden. Spitz beschrieb den Hospitalismus bei Kindern, die von ihren primären Bezugspersonen getrennt lebten und statt dessen in einem Heim untergebracht wurden. Es handelt sich dabei um Kinder, die zwar angemessen gepflegt und versorgt wurden, aber keine kontinuierliche primäre Bezugsperson hatten. Hospitalismus ist die Folge einer unpersönlicher Betreuung und mangelhafter individueller Zuwendung, die sich als Entwicklungsverzögerungen und Entwicklungsstörungen bei den Kindern äußert.

Hypothese...... Annahme, Vermutung

Ideologisch ..... Kommt ursprünglich aus dem Griechischen und bedeutet Ideenlehre, d. h. ideologisch als Eigenschaftswort bezeichnet im weitesten Sinne ein System von Wertvorstellungen und Weltanschauungen

Idiotie.......... Psychiatrische Diagnose für einen so genannten geistig behinderten Menschen, die in der Denktradition des „medizinischen Modells" steht und den „schwersten Grad" der so genannten geistigen Behinderung bezeichnet

Imbizillität ...... Psychiatrische Diagnose für einen so genannten geistig behinderten Menschen, die in der Denktradition des „medizinischen Modells" steht und den „mittleren Grad" der so genannten geistigen Behinderung bezeichnet

Interaktion ...... Wechselbeziehung zwischen Personen und Gruppen im Sinne der Einwirkung auf das Verhalten des anderen

Interpsychische Funktionen ..... Psychische Funktionen zwischen Menschen

Intrapsychische Funktionen ..... Psychischen Funktion im Menschen

Kategorie....... Grundlegender und allgemeinster Begriff einer Wissenschaft im Sinne einer Begriffs- und Anschauungsform

Klassifizieren .... Einteilen, einordnen

Kognition....... Erkennen umfassender Oberbegriff für all jene psychischen Vorgänge, Fähigkeiten und Funktionen, durch die das Individuum bewusste Kenntnisse von seiner Welt und sich selbst erhält. Die wichtigsten kognitiven Funktionen sind Wahrnehmen, Sprechen, Denken (geistige Prozesse).

Kognitiv .... Ursprüngliche Bedeutung des Eigenschaftswortes kommt aus dem Lateinischen und meint „erkennen". Es handelt sich um ein Eigenschaftswort für all die psychischen Vorgänge, Fähigkeiten und Funktionen, wodurch ein Mensch bewusste Erkenntnisse von seiner Umwelt und sich selbst erhält.

Kommunikation . . Verständigung untereinander im Sinne der Mitteilung und des Austausches bzw. der Vermittlung von Botschaften unter Menschen

Kompetenzen . . . Fähigkeiten und Zuständigkeiten

Kooperation . . . . Funktionsteiliges Zusammenwirken zwischen Menschen, mit dem Zweck ein gemeinsames Ziel zu erreichen

Methode . . . . Handhabung von Prinzipien, Forderungen, Vorschriften oder Regeln, die einen anweisenden Charakter haben (z. B. wie in der diagnostischen Tätigkeit vorzugehen ist, um diagnostische Erkenntnisse zu gewinnen, zu begründen und zu prüfen)

Methodologie . . . Lehre von den Methoden; untersucht sowohl die Methoden der wissenschaftlichen Erkenntnis als auch des praktischen Handelns

Neuropsychologie Richtung der Psychologie, die sich auf die Erforschung der im Zentralnervensystem angesiedelten Grundlagen des Bewusstseins und des Verhaltens bezieht (Wahrnehmung, Kognition, Emotion, Bewusstsein usw.)

Neurophysiologie Teilgebiet der Physiologie, das sich mit den Funktionen des Nervensystems befasst

Ökosystem . . . . . Wechselwirkung zwischen einem Lebewesen und seinem Lebensraum

Partizipation . . . . Teilhabe

Pathologie . . . . . . Krankheitslehre

Periodik . . . . Unter Periodik ist ein regelmäßig sich wiederkehrenes Ereignis zu verstehen

Physisch . . . . Das Körperliche betreffend

Psychisch . . . . . . Das Seelische betreffend

Psychopathologie Psychiatrische Grundlagenwissenschaft von den Möglichkeiten eines krankhaft veränderten Gefühls- und Seelenlebens

Qualitativ . . . . Den Wert und die Beschaffenheit betreffend

Quantitativ . . . . . . Die Menge bzw. die Anzahl betreffend

Relevanz . . . . Bedeutsamkeit, Wichtigkeit

Repertoire . . . . . . Kenntnisse oder Fähigkeiten, die einer Person zur Verfügung stehen

Ressourcen . . . . . Mittel, die vorhanden sind, um bestimmte Aufgaben zu lösen

Selektion . . . . Ausgrenzung

Selektionsdiagnostik . . . . . . Zuordnung und Einweisung einer Person im diagnostischen Geschehen nach festgelegten Maßstäben (im Sinne von Trennen)

Sozial . . . . Die menschliche Gemeinschaft, Gesellschaft betreffend

Sozialwissenschaft . . . . Wissenschaft vom gesellschaftlichen Zusammenleben der Menschen

Standardisieren . . Eine festgelegte Form geben

Symbiose . . . . . . Begriff kommt ursprünglich aus dem Griechischen und bedeutet im weitesten Sinne „Zusammenleben“ und bezieht sich u. a. auf das Zusammenleben zwischen primärer Bezugsperson und Kind während der frühen Phasen der Individualentwicklung

Syndrom . . . . Beschreibt das Vorliegen verschiedener Merkmale, d. h. von Symptomen, von Symptomgruppen und Symptomkonstellationen, die zu einem Syndrom zusammengefasst werden.

Theorie . . . . Eine Theorie ist eine gedankliche Vorstellung von einem bestimmten Gegenstandsbereich, um sich in der Wirklichkeit zurechtzufinden; abstrakte (nicht praxisbezogene) Betrachtungsweise, die durch Denken erzielte Erkenntnisse hervorbringt (im Gegensatz zu durch Praxis gewonnenen Erfahrungen)

Validität . . . . Zuverlässigkeit im Sinne von Gültigkeit

Wahrnehmung. . . Prozess und Ergebnis des Informationsgewinns aus Umwelt- und Körperreizen (äußere und innere Wahrnehmung)

WHO . . . . World Health Organisation (dt. Weltgesundheitsorganisation)

Zerebralparese . . Eine zentrale Bewegungsbeeinträchtigung, die durch eine veränderte Muskelspannung sowie durch eine Beeinträchtigung der Koordination von Bewegung und Haltung charakterisiert sein kann. Es wird unterschieden zwischen einer Tetraparese, d. h. alle 4 Gliedmaßen sind betroffen, einer Diplegie, d. h. die Beine sind stärker betroffen als die Arme und Hände und einer Hemiparese, d. h. eine Körperseite ist betroffen und die andere nicht.

Literaturverzeichnis

Basaglia, Franco: Was ist Psychiatrie? Frankfurt, Suhrkamp, 1974.

Basaglia, Franco: Die negierte Institution oder die Gemeinschaft der Ausgeschlossenen. Ein Experiment der psychiatrischen Klinik in Görz. Frankfurt, Suhrkamp, 1980.

Begemann, Ernst: Von der Differenzialdiagnostik zur Lernbegleitung. Wege zu einem Verständnis des Lernens, in: Die neue Sonderschule, 47, 1. Jg., 2002, S. 6-26.

Bleuler, Eugen: Lehrbuch der Psychiatrie. 14. Auflage, Berlin, Göttingen, Heidelberg, Springer Verlag, 1979.

Bourdiev, Pierre: Das Elend der Welt. Zeugnisse und Diagnosen der alltäglichen Leiden an der Gesellschaft, Konstanz, UVK, 1997.

Breitenbach, Erwin: Förderdiagnostik – diagnostische Förderung, in: Behindertenpädagogik, 43, 2. Jg., 2004, S. 149 – 168.

Buber, Martin: Hinweise. Gesammelte Essays, 1900-1953, Zürich, Manesse Verlag, 1953.

Buber, Martin: Schuld und Schuldgefühle, Heidelberg, Verlag Lambert Schneider, 1958.

Buber, Martin: Nachlese, Heidelberg, Verlag Lambert Schneider, 1965.

Buber, Martin: Urdistanz und Beziehung, 4. Auflage, Heidelberg, Verlag Lambert Schneider, 1978.

Buber, Martin: Das Problem des Menschen, 5. Auflage, Heidelberg, Verlag Lambert Schneider, 1982.

Buber, Martin: Das dialogische Prinzip, 5. Auflage, Heidelberg, Verlag Lambert Schneider, 1984.

Buber, Martin: Reden über Erziehung, 7. Auflage, Heidelberg, Verlag Lambert Schneider, 1986.

Bundschuh, Konrad: Praxiskonzepte der Förderdiagnostik. Möglichkeiten der Anwendung in der sonder- oder heilpädagogischen Praxis, 2. Auflage, Bad Heilbrunn, Klinkhardt, 1994.

Bundschuh, Konrad: Einführung in die sonderpädagogische Diagnostik, 5. Auflage, München/Basel, E. Reinhardt, 1999.

Bundschuh, Konrad: Förderdiagnostik im 21. Jahrhundert – zwischen Problem- und Kompetenzorientierung, in: hrsg. v. Peter Mutzeck/Peter Jogschies, Neue Entwicklungen in der Förderdiagnostik. Grundlagen und praktische Umsetzung, Weinheim/Basel, Berlin, Beltz, 2004, S. 39- 54.

Dornes, Martin: Die emotionale Welt des Kindes, Frankfurt/M., Fischer Taschenbuchverlag, 2000.

Dörner, Klaus (Hrsg.): Ende der Veranstaltung. Anfänge der Chronisch-Kranken-Psychiatrie, Gütersloh, Verlag Jakob van Hoddis, 1998.

Eggert, Dietrich: Von den Stärken ausgehen ... Individuelle Entwicklungspläne in der Lernförderdiagnostik. Ein Plädoyer für andere Denkgewohnheiten und eine veränderte Praxis, 4. Auflage, Dortmund, Borgmann, 2000.

Eggert, Dietrich: Von der Testdiagnostik zur qualitativen Diagnose in der Sonderpädagogik, in: Lernprozesse verstehen. Wege einer neuen (sonder-)pädagogischen Diagnostik, hrsg. v. Hans Eberwein/Sabine Knauer, 2. Auflage, Weinheim/ Basel, Berlin, Beltz Verlag, 2003, S. 16-38.

Feuser, Georg: Wider die Unvernunft der Euthanasie. Grundlagen einer Ethik in der Heil- und Sonderpädagogik, 2. Auflage, Luzern, Ed. SZH/SPC, 1997.

Feuser, Georg: Ich denke, also bin ich! Allgemeine und Fallbezogene Hinweise zur Arbeit im Konzept der SDKHT, in: Behindertenpädagogik, 3, 40. Jg., 2001, S. 268-350.

Feuser, Georg: Gemeinsame Erziehung behinderter und nichtbehinderter Kinder im Kindertagesheim. Ein Zwischenbericht, Bremen, Diagnostisches Werk Bremen, 1984.

Feuser, Georg: Behinderte Kinder und Jugendliche. Zwischen Integration und Aussonderung, Darmstadt, WBG, 1995.

Feuser, Georg: „Geistigbehinderte gibt es nicht". Projektionen und Artefakte in der Geistigbehindertenpädagogik, in: Geistige Behinderung 1, 1996, 18-25.

Feuser, Georg: „Geistige Behinderung" im Widerspruch, in: Geistige Behinderung – Reflexionen zu einem Phantom; ein interdisziplinärer Diskurs um einen Problembegriff, hrsg. v. Heinrich Greving/Dieter Grösche Bad Heilbrunn, Klinkhardt, 2000, S. 141-165.

Feuser, Georg: „Der Mensch wird am Du zum Ich" – Das Menschenbild als gesellschaftlicher Auftrag im Feld der Pädagogik, in: Behindertenpädagogik, 3, 44. Jg., 2005, S. 273-287.

Feuser, Georg/Meyer, Heike: Integrativer Unterricht in der Grundschule. Ein Zwischenbericht, Solms, Jarick Oberbiel, 1987.

Fisseni, Hermann-Josef: Lehrbuch der psychologischen Diagnostik, Göttingen, 2. Auflage, Hogrefe, 1997.

Frey, Andreas: Erzieherinnenausbildung gestern – heute – morgen. Konzepte und Modelle zur Ausbildungsevaluation, Landau, Verlag Empirische Pädagogik, 1999.

Feyerer, Ewald: EUMIE, European Masters in Inclusive Education. Eine grundlegende Einführung, in: European Masters in Inclusive Education, hrsg. v. Ewald Feyerer, Linz, Steuer, 2004, S. 11- 31.

Fröhlich, Werner D.: Wörterbuch Psychologie, München, Deutscher Taschenbuchverlag, 1997.

Galperin, P. J.: Zu Grundfragen der Psychologie, Köln, Pahl Rugenstein, 1980.

Gröschke, Dieter: Psychologische Grundlagen der Heilpädagogik, 2. Auflage, Bad Heilbrunn, Klinkhardt, 1999.

Gröschke, Dieter: Psychologische Mittel und heilpädagogische Zwecke? Zur Diagnose der heilpädagogischen Diagnostik, Münster, 2004 (Manuskript).

Grossmann, Klaus E./Grossmann, Karin (Hrsg.): Bindung und menschliche Entwicklung. John Bowlby, Mary Ainsworth und die Grundlagen der Bindungstheorie, Stuttgart, Klett Cotta, 2003.

Haeberlein, Urs: Das Menschenbild für die Heilpädagogik, 5. Auflage, Bern/Stuttgart, Wien, Verlag Paul Haupt, 2003.

Hanselmann, Heinrich: Einführung in die Heilpädagogik, Zürich, Rotapfel Verlag, 1958.

Hanselmann, Heinrich: Die psychologischen Grundlagen der Heilpädagogik, Berlin, Wissenschaftsverlag Spiess, 1997.

Herzog, Gunter: Krankheitsurteile. Logik und Geschichte in der Psychiatrie, Reburg-Loccum, Psychiatrie Verlag, 1984.

Hirschberg, Marianne: Die Klassifikationen von Behinderung der WHO, Berlin, Institut Mensch, Ethik und Wissenschaft (IMEW) Selbstverlag, 2003.

Il'enkov, Eval'd Vasil'evié: Dialektik des Ideellen. Ausgewählte Aufsätze, Münster/Hamburg, Lit Verlag, 1994.

Izard, Carrol: Die Emotionen des Menschen, 4. Auflage, Weinheim, Beltz, PsychologieVerlagsUnion, 1999.

Jantzen, Wolfgang: Diagnostik im Interesse der Betroffenen oder Kontrolle von oben? In: Diagnostik im Interesse der Betroffenen, hrsg. v. d. Fachschaftsinitiative Sonderpädagogik Würzburg, Würzburg 1982, S. 10-15.

Jantzen, Wolfgang: Allgemeine Behindertenpädagogik, Bd. I. Sozialwissenschaftliche und psychologische Grundlagen, Weinheim, Beltz, 1987.

Jantzen, Wolfgang: Allgemeine Behindertenpädagogik, Bd. II. Neurowissenschaftliche Grundlagen, Diagnostik, Pädagogik, Therapie, Weinheim, Beltz, 1990.

Jantzen, Wolfgang: Psychologischer Materialismus, Tätigkeitstheorie, Marxistische Anthropologie, Berlin, Argument, 1991.

Jantzen, Wolfgang: Am Anfang war der Sinn. Zur Naturgeschichte, Psychologie und Philosophie von Tätigkeit, Sinn und Dialog, Marburg, BdWi-Verlag, 1994.

Jantzen, Wolfgang: Zur neubewertung des Down-Syndroms, in: „Es kommt darauf an, sich zu verändern ...". Zur Methologie und Praxis rehistorisierender Diagnostik und Intervention, hrsg. v. Wolfgang Jantzen, Gießen, Psychosozial-Verlag, 2005, S. 59-74.

Jantzen, Wolfgang: Syndromanalyse und romantische Wissenschaft. Perspektiven einer allgemeinen Theorie des Diagnostizierens, in: Die neuronalen Verstrickungen des Bewusstseins. Zur Aktualität von A.R. Lurijas Neuropsychologie, hrsg. v. Wolfgang Jantzen, Münster/Hamburg, Lit Verlag, 1994, S. 125-158.

Jantzen, Wolfgang: Rehistorisierung. Zu Theorie und Praxis verstehender Diagnostik bei geistig behinderten Menschen, in: Behinderte, 6, 1999, S. 31-40.

Jantzen, Wolfgang: Rehistorisierende Diagnostik. Verstehende Diagnostik braucht Erklärungswissen, Diagnose: Sonderpädagogischer Förderbedarf, hrsg. v. Gabi Ricken/Annemarie Fritz/Christiane Hoffmann, Lengerich, Pabst, 2003, S. 83-105.

Jantzen, Wolfgang: „Es kommt darauf an, sich zu verändern ...". Zur Methodologie und Praxis rehistorisierender Diagnostik und Intervention, Gießen, Psychosozial-Verlag, 2005.

Jantzen, Wolfgang/Lanwer-Koppelin, Willehad (Hrsg.): Diagnostik als Rehistorisierung. Methodologie und Praxis einer verstehenden Diagnostik am Beispiel schwer behinderter Menschen, Berlin, Marholt,1996.

Kluge, Friedrich: Etymologisches Wörterbuch der deutschen Sprache, Berlin/New York, de Gruyter, 1989.

Kobi, Emil: Diagnostische Zielsetzungen und Praxis in der Heilpädagogik, in: Förderdiagnostik. Konzepte und Realisierungsmöglichkeiten, hrsg. v. Reimer Kornmann/Hans Meister/Jörg Schlee, Heidelberg, Ed. Schindele, 1994, S. 9-20.

Kobi, Emil: Diagnostik in der heilpädagogischen Arbeit, 5. Auflage, Luzern, Ed. SZH/SPC, 2003.

Kornmann, Reimer: Beratung und Begutachtung im Bereich der Verhaltensgestörtenpädagogik, Hagen, 1982.

Kornmann, Reimer: Gutachten als Grundlage von Förderplänen, in: Förderplanung. Grundlagen, Methoden, Alternativen, Weinheim/Basel/berlin, Beltz Verlag, 2003, S. 45-54.

Kornmann, Reimer: Diagnostik zur Förderung notwendiger Voraussetzungen für basale Lernprozesse bei Menschen mit schwersten Beeinträchtigungen ihrer Lebensvollzüge – zugleich eine Gegenposition zur Diagnostik ihres Lebenswerts, hrsg. v. Peter Rödler/Ernst Berger/Wolfgang Jantzen, Es gibt keinen Rest! – Basale Pädagogik für Menschen mit schwersten Beeinträchtigungen, Neuwied/Berlin, Luchterhand, 2001, S. 163-178.

Kornmann, Reimer/Meister, Hans/Schlee, Jörg (Hrsg.): Förderdiagnostik. Konzepte und Realisierungsmöglichkeiten, 3. Auflage, Heidelberg, Ed. Schindele, 1994.

Kubinger, Klaus D.: Jäger, R. S. (Hrsg.): Schlüsselbegriffe der Psychologischen Diagnostik, Weinheim/Basel/Berlin, Beltz Verlag, 2003.

Leontjew, Alexej: Tätigkeit, Bewusstsein, Persönlichkeit, Köln, Pahl Rugenstein, 1982.

Lurija, Aleksandr R.: Das Gehirn in Aktion. Einführung in die Neuropsychologie, Reinbeck, Rowohlt Taschenbuchverlag, 1992.

Lurija, Aleksandr R.: Romantische Wissenschaft. Forschungen im Grenzbezirk von Selle und Gehirn, Reinbeck, Rowohlt Taschenbuchverlag, 1993.

Maturana, Humberto R.: Biologie der Realität, Frankfurt/M., Suhrkamp Verlag, 2000.

Milani-Comparetti, AdreanoRoser, Ludwig O.: Förderung der Normalitätund der Gesundheit in der Rehabilitation. Voraussetzung für die reale Anpassung behinderter menschen, in: Sie nennen es Fürsorge, hrsg. v. Michael Wunder/Udo Sierck, Berlin, Verlagsgesellschaft Gesundheit, 1982, S. 77-89.

Moor, Paul: Heilpädagogische Psychologie. Bd. II, Pädagogische Psychologie der Entwicklungshemmung, Stuttgart, Verlag Hans Huber, 1965.

Moor, Paul: Heilpädagogik. Ein pädagogisches Lehrbuch, 2. Auflage, Luzern, Ed. SZH/SPC, 1999.

Mutzeck, Wolfgang: Verhaltensgestörten Pädagogik und Erziehungshilfe, Bad Heilbrunn, Verlag Klinkhardt, 2000.

Mutzeck, Wolfgang: Grundlegende Aspekte der Diagnostik in der Förderdiagnostik, in: Neue Entwicklungen in der Förderdiagnostik, hrsg. v. Wolfgang Mutzeck/ Peter Jogschies, Weinheim, Basel, Beltz Verlag, 2004.

Niess, Susanne: Autismus. Probleme mit Wahrnehmung und Handlung – eine Betroffene berichtet, in: Wahrnehmen, Verstehen, Handeln. Perspektiven für die Sonder- und Heilpädagogik im 21. Jahrhundert, hrsg. v. Konrad Bundschuh, Bad Heilbrunn: Klinkhardt, 2000, S. 291-201.

Pfeifer, Wolfgang (Hrsg.): Etymologisches Wörterbuch des Deutschen, 5. Auflage, München, DTV, 2000.

Piaget, Jean: Das Erwachen der Intelligenz beim Kinde, Stuttgart, Klett, 1975.

Resch, Franz u. a.: Entwicklungspsychopathologie des Kindes- und Jugendalters. Ein Lehrbuch, 2. Auflage, Weinheim, PsychologieVerlagsUnion, 1999.

Richter, Hort E.: Engagierte Analysen. Über den Umgang des Menschen mit dem Menschen, Hamburg, Rowohlt Verlag, 1978.

Sacks, Oliver: Der Mann, der seine Frau mit einem Hut verwechselte, Reinbek, Rowohlt, 1987.

Sacks, Oliver: Der Tag, an dem mein Bein fortging, Reinbek, Rowohlt, 1989.

Sacks, Oliver: Eine Anthropologin auf dem Mars, Reinbek, Rowohlt, 1995.

Schölmerich, Axel/Mackowiak, Katja/Lengning, Anke: Methoden der Verhaltensbeobachtung, in: Handbuch der Kleinkindforschung, hrsg. v. Heidi Keller, 3. Auflage, Bern u. a., Verlag Hans Huber, 2003, S. 611-648.

Spitz, René: Vom Dialog, Stuttgart, Ernst Klett Verlag, 1976.

Spitz, René: Vom Säugling zum Kleinkind. Naturgeschichte der Mutter-Kind-Beziehungen im ersten Lebensjahr, Stuttgart, Klett-Cotta, 1987.

Strasser, Urs: Wahrnehmen, Verstehen, Handeln. Förderdiagnostik für Menschen mit geistiger Behinderung, 5. Auflage, Luzern, Ed. SZH/SPC, 2004.

Tölle, Rainer: Psychiatrie, 7. Auflage, Berlin/Göttingen/Heidelberg, Springer Verlag, 1985.

Wygotski, Lew S.: Ausgewählte Schriften Bd. I, Köln, Pahl Rugenstein, 1985.

Wygotski, Lew S.: Ausgewählte Schriften Bd. II, Köln, Pahl-Rugenstein, 1987.

Wygotski, Lew S.: Geschichte der höheren psychischen Funktionen, Münster/Hamburg, Lit, 1992.

Zinbardo, Philip G.: Psychologie, 6. Auflage, Heidelberg, Springer, 1995.

Zöller, Dietmar: Autismus und Körpersprache. Störungen der Signalverarbeitung zwischen Kopf und Körper, Berlin, Weidler Buchverlag, 2001.

Bildquellenverzeichnis

- Die Bilder der S. 7, 13, 35, 89 stammen von Frau Rotraud Keuneke, die 2001 verstorben ist. Sie lebte fast 50 Jahre lang in psychiatrischen Institutionen. Die Einrichtung für Menschen mit geistiger und mehrfacher Behinderung der ASB-Gesellschaft für soziale Hilfen mbH Bremen stellte diese Bilder dankenswerter Weise zur Verfügung.
- Willehad Lanwer (privat), S. 21, 57, 73.

Stichwortverzeichnis